华章经管

HZBOOKS | Economics Finance Business & Management

无界零售

[美] 聂东平　[荷] 马克·格雷芬（Mark J. Greeven）
冯云飞　[美] 王景东　　　　　　　　　　著

THE FUTURE OF GLOBAL RETAIL
Learning from China's Retail Revolution

机械工业出版社
China Machine Press

图书在版编目（CIP）数据

无界零售 /（美）聂东平等著. -- 北京：机械工业出版社，2021.11
ISBN 978-7-111-69451-9

I. ①无… Ⅱ. ①聂… Ⅲ. ①零售业 - 商业经营 Ⅳ. ① F713.32

中国版本图书馆 CIP 数据核字（2021）第 225177 号

无界零售

出版发行：机械工业出版社（北京市西城区百万庄大街 22 号　邮政编码：100037）
责任编辑：孟宪勐　　　　　　　　　　　　　　　　　　　责任校对：殷　虹
印　　刷：北京市荣盛彩色印刷有限公司　　　　　　　　　版　　次：2022 年 1 月第 1 版第 1 次印刷
开　　本：170mm×230mm　1/16　　　　　　　　　　　　印　　张：15.25
书　　号：ISBN 978-7-111-69451-9　　　　　　　　　　　定　　价：79.00 元

客服电话：（010）88361066　88379833　68326294　　　投稿热线：（010）88379007
华章网站：www.hzbook.com　　　　　　　　　　　　　读者信箱：hzjg@hzbook.com

版权所有·侵权必究
封底无防伪标均为盗版
本书法律顾问：北京大成律师事务所　韩光 / 邹晓东

PRAISE
| 赞 誉 |

过去 20 年，数以亿计的中国人第一次成为"现代"购物者和消费者，中国消费经济的繁荣增长是在没有西方市场零售业态与平台技术的"遗留资产"和传统的情况下发生的。一个充满活力的创业商业文化已经出现，其规模在世界历史上前所未有，中国已经出现了领先的、独特的零售 – 购物者 – 消费者生态系统。发达经济体不再有全球标准的模式，任何公司想要在中国取得成功，都需要建立特定的针对中国市场的模式。中国一直在迅速地向全世界学习并整理出最有价值的经验教训，其他国家也需要更快地从中国这里学习经验，才能在中国取得成功，并发展市场中现有的零售业结构。我推荐大家阅读本书，因为作者解释了来自中国的新型零售革命，以及中国零售将如何激励和影响全球的零售领导者。

约恩·维格·克努德斯托普
乐高集团首席执行官

我在中国生活和工作了 30 年，《无界零售》是我读过的第一本如此充分阐述与分析中国电子商务革命历史和重要参与者的书。对于任何想进入中国零售市场、扩大在中国的业务范围和了解全球电子商务趋势的人或公司来说，本书都是必读之作。

程美玮

通用电气（中国）和福特汽车（中国）前董事长兼首席执行官

西门子（中国）前总裁兼首席执行官

AT&T（中国）前总裁兼首席运营官

《无界零售》作者对中国快速变化的零售系统的深度剖析和解读，给作为细胞研究科学家和企业管理者的我带来了很多思考及启示。细胞产品已经从人们原本认为的实验室产品，越来越多地走进人们的生活。我也越来越深刻地意识到，好的健康产品除了要有技术护城河、行政许可护城河，还要有以消费者需求为中心的护城河。作为中国乃至世界上细胞技术领先的高科技公司之一，我们需要不断提升与消费者沟通和建立深度链接的能力。书中有很多有趣的商业案例，给了我很大启发。例如，李子柒通过制作唯美的田园视频，满足人们内心对香格里拉的向往而成为终极零售。我们是否也能够通过让我们的科学家拍摄关于神秘的细胞和生命的视频，让人们对生命的本质更有洞见，让细胞科学服务更多的人！

钱其军

上海细胞治疗集团董事长兼总裁

中国已成为全球奢侈品最相关的市场，其影响正在重塑奢侈品行业。Puig 进入中国已经有很多年了，我们的目标是从长远的角度来建立我们的品牌。中国消费者习惯的发展速度令人着迷，在世界其他地区几十年的发展成果，在中国几年时间就实现了。消费者行为的快速变化与生态系统绝对独特这一事实联系在一起，对许多西方品牌所有者在这个独特的市场中发展自己的品牌构成了真正的挑战。本书针对这个生态系统的不同现实，以及相互关联的不同力量的作用提出了非常有趣的见解。它让我们对在中国成功建立品牌和发展业务所需的知识有了更深入的了解，为我们提供了新的视角。

哈维尔·巴赫

Puig 美容与时尚首席运营官

全球快速消费品行业的高管需要了解中国的零售和数字生态系统如何完全重新定义了消费者对其品牌的期望。这本令人开阔视野且富有洞察力的书可以帮助你为即将来到的新世界做准备。

帕特里斯·布拉

雀巢集团执行副总裁

市场、销售、战略业务部门负责人兼 Nespresso 总裁

作为中国零售发展的亲历者，我真切感受到了资本的推动、信息技术的发展、制造产业的成熟给新型商业模式带来的成长。当然，也一直伴随着已经被人忘记的无数实践者的教训。

跑出来的都是胜利者，都是能够更高效解决消费者痛点以及执行力更强的公司。相信全世界的消费者都一样，都需要体验更好的消费解决方案。希望通过本书，中国创业者们给出的解决方案更快地为全世界所知，给世界带来不同。

管毅宏

九毛九国际控股有限公司创始人

新型零售业是最明显、最无可争议的中国居于领导领域的例子之一。本书在描述新型零售的内容及其各种商业模型方面非常出色。更重要的是，本书通过全面的分析展现了新型零售在中国乃至世界其他地区的复杂性和惊人的影响。

新型零售从与消费者的亲密关系开始，建立在卓越的供应链基础上，利用创造力和技术来提供终极体验的零售或作者所描述和进一步阐明的"零售娱乐"。

我们生活在不确定性越来越强的时代，通过本书，每个人都可以看到深度的变革是前进的唯一途径。

孔嘉辅
埃森哲全球成长型市场总裁

《无界零售》的作者深入了解了中国的商业文化和传统，并且能够将这些知识与西方的商业方式融合对比。其结果是可以抓住机会，评估和预期潜在的威胁，经常性地唤醒人们重新思考战略。中国在电子商务方面遥遥领先，这是事实。正如我在银行、保险或电信等行业所观察到的那样，西方国家常常寻找借口解释：我们为什么会落后。不同的隐私概念？更严格的监管规则？也许吧，还有胆识、创造力和行动速度呢？决定我们要成为领导者还是追随者，现在读这本书为时未晚。

米歇尔·德马
IMD 商学院董事长兼路易达孚集团副董事长

聂教授和她的合著者在清楚地阐述中国正在发生的令人难以置信的数字零售现象方面做出了巨大的贡献。30年来，我们一直试图通过将先正达的商业模式从西方扩展到中国来大举开拓中国市场。现在我们利用新的零售趋势，建立了现代农业平台，帮助农民以更环保的方式种植农作物，并将他们直接与消费者联系起来。本书所阐述的理念可以帮助全球公司在中国创造巨大的增长机会。未来，其中一些模式可以应用于中国以外的地区。

傅文德
先正达集团股份有限公司首席执行官

过去几十年，我们都在学习西方的管理理念，跟随西方的创新模式，然而在新型零售领域，中国是全世界的引领者，中国企业成为全世界企业学习和模仿的对象。本书的作者们提供了中西合璧的视角，不仅仅是跨国企业的管理者，中国企业的管理者读来也能够达到穿透现象看清楚商业成功本质的效果。

苏寿梁
浙江省民营经济研究中心副主席
上海馆陶资产管理有限公司董事长

本书是追踪中国零售发展和未来的开创性作品。21世纪，中国上演着消费者的故事，新型零售则像个放大镜。赢得新型零售及掌握其所有增长形式对全球的参与者都至关重要，因为这个市场塑造了由全球消费者主导的企业的未来。本书引人入胜，读者从中可以读到那些零售革命主导者鼓舞人心的故事，了解这些零售业如何结合在一起。对于所有渴望在中国这个世界上最具创新性、高度数字化且复杂的零售市场中发挥作用并赢得胜利的企业管理者来说，这是一份非常有用的指南。

罗希特·贾瓦

联合利华中国总裁、联合利华北亚区执行副总裁

在过去的 12 年里，我一直在经营亚洲业务，我注意到西方高管离中国越远（在地理上或职责方面）就越害怕。本书将帮助高管们理解在中国经营业务的基本原则与世界其他地方没有什么不同——你必须坚持不懈地赢得你的客户。本书以一种奇妙的方式展示了真正以客户为中心驱动的成功，这对许多企业家来说真的很鼓舞人心。"可怕"的是这些中国的企业家为何学习得如此之快，实践得如此之快，而且规模扩张得如此之快！

弗雷德里克·德·鲁热蒙

优时吉博罗首席执行官

《无界零售》针对中国零售生态系统及其对全球未来零售的影响为读者提供了一个令人着迷的视角。本书精妙地分析了众多地区案例，为渴望保持领先地位的企业提供了必不可少的战略蓝图。书中的超越价值链模型可以用于推断趋势，并确保它们对任何地区的公司都普遍适用。很高兴我们的"新型零售"培训项目与 IMD 合作，使我们通过学习和洞察业界经验来改变业务以实现未来增长。我认为，对于行业领导者来说，密切关注中国的成功之路并从中汲取经验教训至关重要，本书有助于做到这一点。

伊戈尔·谢赫特曼

俄罗斯 X5 零售集团首席执行官

《无界零售》为我们提供了强有力的洞见。中国以外地区受到新型零售的挑战，要从中国新零售的发展中学习。由于服务、产品和市场的界限变得模糊，本书迫使我们提出棘手的问题，并在尚有机会时找到动态解决方案。

陈智深

泰国盘谷银行股份有限公司总裁

虽然我作为居住在中国的活跃消费者体验着中国的新型零售，但我必须说，即使是生活在中国的人，解释这些新现象并理解正在发生的事情也不容易。本书很好地解释了新型零售的各异却又相互交融的现象。作为数字原住民和中国网民，我发现本书对这些新型零售发展的分析令人耳目一新，富有洞察力，帮助我看到了全局。

孟 瑞

中国数字原住民

宜家零售中国原厨房业务总监

PREFACE
|中文版前言|

2019年,我到瑞士洛桑参加洛桑国际管理学院(IMD)最受欢迎的高管培训课程OWP(Orchestrating Winning Performance,设计制胜项目)。这个课程每年两次,可以说是全球跨国公司高管的知识盛宴。在一个星期的时间里,500多位来自欧洲各国、美国、日本、新加坡的世界500强高管来到洛桑小镇,把这里的酒店挤得满满当当。白天,学校提供了几十门最前沿的课程,涵盖数字化转型、人工智能、领导力、正念、家族企业、创新等。参加OWP课程的学员可以根据自己的兴趣和需要选择相关的主题课程。我发现了两个有趣的现象:一个是曾经最受欢迎的金融方向的课程教室里不再人满为患;另一个是在这些课程当中,有两门针对中国的课程,专门介绍中国企业的创新和将对世界带来的影响。

让我印象深刻的一件事情是,上课的时候一位教授问学员们有谁知道一家名叫腾讯的公司。教室里面虽然没几张亚洲面孔,但毕竟都是知名企业的高管,怎么可能有人没听说过腾讯?然而让我吃惊的是,竟然只有零星的几个人举起了手。既然这么多人对中国和中国企业感兴趣,那他们所知道、所了解的究竟是什么?

再后来听聂东平（Winter）教授说想写一本关于中国新型零售的书，我便欣然加入。

聂东平教授出生于杭州，毕业于浙江大学，是IMD唯一的华裔教授，也是IMD最受欢迎的领导力和组织转型教授之一。她常年为来自中国和世界其他地方的企业家、高管授课和提供咨询，也是多家世界500强企业的高管教练。她是一位很特别的学者。她特别积极向上，对任何事情都充满好奇。她不仅仅是一位管理学的专家，而且知识面非常广，这可能和她去过175个国家旅游相关。她有着非常敏锐的商业直觉和超强的学习能力，紧跟各种新鲜的事物和新的商业实践，她总是能够抓住事物的本质并且找到与众不同的视角。在很多中国的学者还没有关注直播卖货的时候，她就邀请我一起写了一篇文章，认定这是未来零售的重要趋势。

马克·格雷芬（Mark J. Greeven）教授是一位热爱中国的荷兰人，他2005年就来到中国，后来在浙江大学管理学院担任副教授，教授创业创新和战略学的课程。他是一位非常严谨的学者，对中国的互联网公司有深入的研究，对中国企业能够在如此高度动态变化的环境中通过创新取得成功着迷。他中文流利，对超过200家中国创新企业进行过近1000小时的访谈，并曾经出版过一本关于中国商业生态系统的书和一本关于中国创新企业的书。马克也一直对中国零售业正在发生的创新与变革感兴趣，和聂教授不谋而合。

王景东（James）教授是一名宏观经济学家，成年后的大部分时间都在海外从事学术研究。他在杜克大学Fuqua学院教授金融。回到亚洲后，他的兴趣转向历史和地缘政治的大趋势。他为对冲基金经理撰写的《关于中美关系》《中国第五代领导人的风格和实质》《国企改革前景》以及其他对当代话题的评论被收录在 *Early Innings of A Long Game* 一书中。

能和三位世界知名教授一起合著这本书，我备感荣幸。我专注于高管教育12年，与各个领域的高管进行过很多深入的讨论，这无疑开阔了我的眼界和拓展了我的知识面。后来我开始了在线商业教育领域的创业，深入研究如何在移动互联网时代取得成功成了我的另一个愿望。当然，除此之外，我还热爱写作。在写这本书之前，我已经和几位教授合作写了一些案例和文章。

我们四个人有一个共同点：我们对中国新型零售和中国领先的创新公司有浓厚的兴趣。不同的是，聂东平是一位在美国、新加坡和瑞士生活多年的华裔教授，她对西方和东方有着深刻的见解。马克·格雷芬是荷兰人，但在中国生活了十多年，他对中国公司的看法非常客观。王景东教授可以以宏观经济的视角和全球视野看待所有的事情。而我是一名研究员和作家，擅长并喜欢研究和深入分析。

我们早在四五年前就开始研究中国不断推陈出新的零售趋势。2020年初夏我们开始本书的写作时，正是新冠肺炎疫情期间，因此拥有了更多时间专注于写作。我们分布在世界各地的四个人通过ZOOM紧密地联系着，讨论，写作，讨论，修改，再讨论，每一章都经过了至少四轮的修改。最初，我们对本书的定位是一本英文书，受众是IMD学员、校友，以及更广泛的中国以外其他地区的商业领导者和管理者，向他们介绍中国正在发生的零售革命，以及这个趋势将会怎样影响和引领全球零售的发展。

后来我们把英文手稿拿给几位在中国的零售企业的高管阅读，他们常年在中国工作和生活，并且本身就是零售行业的从业者和专家。他们对本书给出了非常积极的反馈，强烈建议我们出版中文版。他们提到这是他们读到的第一本非常系统地介绍中国新型零售的书，书中提供了既客观又有趣的视角，作者能够抓住千变万化的现象背后的本质，并且每一章最后提出的问题非常有启发性且对工作有价值。因此我们决定同步出版中文版，这一想法得到了机械工业出版社的支持。同时，日文版和俄文版也即将面世。

在这里我们要感谢 IMD 和 J-F Manzoni 院长的支持，感谢 Routledge 出版社的编辑以及机械工业出版社的编辑，他们在本书的写作和出版过程当中给予了很大的帮助。感谢 Apsen Wang 为本书手绘插图，让本书的内容更加生动。当然还要感谢我们的家人，没有他们的支持和鼓励，就不会有这本书。

冯云飞

2021 年 7 月

CONTENTS
目录

赞誉

中文版前言

序章　颠覆性的新世界　1
  窥见未来之无界零售　4
  中国的新曙光：世界向中国学习新型零售　5
  多重视角　13
  阅读指引　13

第一部分　新型零售的四大支柱

第1章　中国电子商务的崛起：繁荣的20年　17
  B2B：阿里巴巴　18
  C2C：淘宝战eBay　19
  B2C：当当、京东与天猫　25
  本章总结　32

第 2 章　无处不在的快递：看不见的力量　35
　　　　快递行业的格局演变　35
　　　　电商自有物流　42
　　　　智慧物流网络：菜鸟　44
　　　　本章总结　49

第 3 章　第三方支付：带领中国进入无现金社会　50
　　　　支付宝的不断创新与演进　51
　　　　微信支付与支付宝之战　58
　　　　本章总结　61

第 4 章　社交媒体平台：新型零售的加速器　62
　　　　微信　63
　　　　微博　70
　　　　小红书　72
　　　　本章总结　76

第二部分　新型零售的五个阶段

第 5 章　生活服务电商：重塑生活方式　79
　　　　美团点评：重塑生活方式　80
　　　　配送网络：承包你的生活　89
　　　　产业链效率提升：未来互联网发展的驱动力　91

　　　　生活服务一站式：电商平台　92
　　　　本章总结　97

第 6 章　生鲜食品：线上线下的融合　98

　　　　盒马：线上融合线下　99
　　　　千姿百态的生鲜电商　103
　　　　生鲜：实践新型零售　108
　　　　本章总结　114

第 7 章　社交电商：服务金字塔底部　115

　　　　中国互联网的"智者"们　117
　　　　拼多多：增长最快的电子商务公司　121
　　　　电商 + 社交 + 游戏 + 推荐　128
　　　　百花齐放的社交电商　132
　　　　本章总结　138

第 8 章　直播销售：零售风暴　139

　　　　身份各异的直播网红　139
　　　　直播格局：电商 vs. 短视频　149
　　　　网红直播带货的背后　156
　　　　本章总结　164

第 9 章　终极体验销售：当艺术家遇到电商　165
　　　梦中的香格里拉　165
　　　Z 世代　173
　　　不卖而卖：终极零售　177
　　　本章总结　179

第三部分　展望

第 10 章　生态系统的无形之手　183
　　　中国互联网的老三国　184
　　　新的三个王国　194

第 11 章　中国为世界重塑零售业　197
　　　无界的新型零售到底是什么　197
　　　关于新型零售的学习：超越价值链模型　206
　　　为未来做准备：未来有哪些重要趋势　212

注释　216

INTRODUCTION
| 序章 |

颠覆性的新世界

家乐福，欧洲最大的零售商，也是首批进入中国的外国零售商之一。1995年，家乐福和沃尔玛将一站式购物的理念带到了中国，并迅速扩张。凭借先发者优势，家乐福多年来一直是中国增长最快、最成功的外国零售商之一，截至2019年，家乐福拥有233家门店，约3万名员工，年销售额约310亿元[1]。在当今的实体经济世界里，新进入者想要与家乐福这样全球性的零售巨头一较高下，几乎是不可能的，更不用说在很短的时间内以更少的员工、更少的门店实现同样的销售数据。但如今"新型零售"的时代已诞生，游戏规则已经发生变化。薇娅，一位"80后"淘宝主播，只有500人的支持团队（约占家乐福员工总数的2%）且没有门店，却实现了和家乐福这个零售巨头几乎同样规模的销售收入。

薇娅，本名黄薇，1985年出生于安徽，父母都是经商的。17岁时她来到北京，在北京动物园服装批发市场对面开了一家自己的小服装店。薇娅擅长销售，她的服装店开得非常成功，后来她又在西安开了十几家服装店。然而随着电子商务逐渐在中国兴起，薇娅的实体店销售开始走下坡路。一件事的发生，让她不得不重新思考自己的商业模式：一位顾客走进薇娅的服装店，试穿了几套服装，却没有在店里购买，而是拿出手机打开淘宝搜索同款，然后在网上下单。这次经历对薇娅是一个警醒。2012年，她决定关闭所有的实体商店，将其搬到网上。然而事实证明，网上交易也并不容易，薇娅第一年就亏损了。虽然后来店铺的流量逐渐增长，销量也慢慢增加，但由于缺乏质量控制，商品退货率居高不下，仍旧亏损。薇娅甚至不得不卖掉房子还债。但她依然坚持。

2016年，薇娅接到了一个改变她命运的电话。淘宝推出了全新的淘宝直播功能，"淘宝小二"打电话给薇娅，邀请她入驻。2017年，在一次直播活动中，薇娅在短短5小时内卖出了价值7000万元的海宁皮草服装，在主播中排名第一。[2] 从此之后，薇娅屡创佳绩，直到如今依然是淘宝的头号主播，不管是一分钟卖出43万公斤大米、20分钟卖出814套房子，还是更令人惊讶的价值4000万元的火箭发射服务，似乎没有什么是她卖不出去的。

美国有黑色星期五购物日，中国则有"双十一"购物节。这原本是流传于年轻人当中的一个节日，如今已成为席卷全国的购物狂潮，全国主要的电商平台和零售品牌在这一天都大幅度促销，消费者也疯狂下单。2019年的"双十一"，薇娅卖出了价值超过30亿元的商品，[3] 占比超过淘宝总销售额2680亿元的1%。薇娅2019年全年销售商品的价值达到了300亿元，[4] 几乎与家乐福持平！虽然家乐福中国在2019年已经在走下坡路，而薇娅蒸蒸日上，这样比较对家乐福稍显不公，但无论如何，能够以一己之力实现300亿元的年收入都是相当惊人的。2020年，阿里巴巴将"双十一"购物节延长至11天，薇娅在这期间直播销售商品的价值超过了70亿元。[5]

薇娅是怎么做到的？我们又可以从中学习到什么呢？

事实上，薇娅并不是唯一一个创造奇迹的。我们再来看三只松鼠，它是一家休闲食品公司，成立于2012年——薇娅将线下门店搬到网上的同一年。2019年"双十一"当天，三只松鼠卖出了价值10亿元的小吃零食，[6]甚至在20分钟的时间里就卖出了价值1亿元的水果和坚果。2020年"双十一"，三只松鼠的销售额在天猫、京东和唯品会等九大电子商务平台上均排名第一（小吃零食类）。

三只松鼠成立之初就是一家互联网公司，瞄准了习惯在网上购物并且注重健康的千禧一代（英文为Millennials，一般指出生于1982～2000年之间的人）。凭借着优质产品、高性价比和良好的用户体验，三只松鼠在2019年的收入已超过100亿元。[7]2019年7月三只松鼠上市，2020年11月市值达到230亿元。[8]作为一家没有制造工厂的零售商，三只松鼠如何实现了如此快速的成长？我们都知道高性价比的价值，但是，是什么样的用户体验会让你愿意花27元买一包185克的开心果？为了找出答案，我们买了一包三只松鼠的加州开心果。然后我们惊喜地发现，和这包开心果一起收到的还有一小包试吃产品、一张湿巾（大概为了方便消费者在吃坚果之前和之后清洁手）、密封夹、垃圾袋和开壳器。那么，这种"令人愉快的惊喜"体验可以转化为足够的重复购买吗？更为重要的问题是，单一类别的在线零售商是否有增长的空间？

2017年，便利蜂在北京开了第一家店。那个时候，中国大城市的便利店被罗森、7-11、全家和永辉等垄断，这些巨头已经在中国成功运营了很多年。沃尔玛和家乐福也开设了自己的便利店。作为一家新进入者，便利蜂知道照搬照抄没有出路。

在传统的便利店模式下，店长每天需要做几百个决策，包括每天的选品、定价、折扣、陈列等。而不走寻常路的便利蜂开发了一款"中心大脑"系统，使用智能的、以客户为中心的算法和 AI 来做决策（例如，即时提醒价格敏感型顾客价格的变化），以此来最大化收入，并降低对于依靠店长直觉做决策的依赖。使用 AI 能够让便利店完全自动化吗？AI 决策能够战胜人脑决策吗？到 2020 年 5 月，短短三年，便利蜂门店的数量已经增加到 1500 家。然而竞争还远未结束。

窥见未来之无界零售

中国的新型零售远远超越了时尚、化妆品、小吃零食、数据驱动的便利店和直播领域。美团（第 5 章）从团购业务起家，发展成了提供包罗万象的本地生活服务的超级平台。盒马鲜生（第 6 章）2016 年在上海开了第一家店，建立一种结合线下店、线上 App、店内餐饮和生鲜配送的零售模式。社交电商平台拼多多（第 7 章）在 5 年的时间里获取了超过 7 亿个活跃用户。如果说盒马鲜生建设了生鲜食品的供应链，那么拼多多则彻底改革了消费金字塔底端低收入人群和中小型制造企业之间的关系。

在新型零售浪潮中成名并改变中国零售业态的不仅有以薇娅为代表的直播带货这种新型零售模式（第 8 章），还有另外一种模式：因为在 YouTube 上发布的唯美短视频而被西方国家所熟知和喜爱的李子柒（第 9 章）从未在视频当中提到过"卖"和"买"，但是她的天猫旗舰店一年的收入超过 10 亿元。

新的零售形式不断涌现，新模式不断地颠覆旧模式，零售业边界不断扩展、消融。

中国的新型零售是全然的创新。2019 年，雀巢推出的第一款果萃系列咖啡一共有三种口味——蜜桃、凤梨和青苹果，可以用冰水和气泡水冲饮。这款雀巢果萃系列咖啡由雀巢和天猫新品创新中心联合推出，完完全全为年轻人创造。在研发的过程中，从最初概念阶段就邀请线上消费者参与，模拟真实的线上购物环境和消费场景进行测试。根据雀巢天猫旗舰店显示的数据，这款新产品非常受欢迎，推出的第一天就卖出了10万盒。[9]

本书的内容不仅包括中国公司和跨国公司在中国的实践与案例分析，还包括消费者正在发生的变化及其趋势，以及中国的新型零售如何共同创造了这些趋势。本书介绍了那些优秀的公司如何利用这些趋势生存和繁荣，商业模式的创新，中国数字化电子商务领域的动态变化，以及当下互联网巨头和新进入者之间的权力斗争；被大数据和智能算法赋能的产品、多样化、价格、供应链与物流；新型零售对旧范式的颠覆，行业边界、线上线下边界被不断打破，从有界到无界。这是一本关于中国零售市场——一个价值40万亿元人民币市场未来的书。

中国的新曙光：世界向中国学习新型零售

在短短几年的时间里，我们已经见证了数字零售领域的快速发展、巨大变化和诸多创新。随着《财富》《福布斯》《经济学家》和《华尔街日报》等商业杂志开始聚焦于中国新兴的零售业态，这些创新被推向全球。正如雀巢首席执行官马克·施耐德（Mark Schneider）在2021年的《经济学家》杂志上所说的："如果你想看到未来，请看中国。"[10]

2016年，在微软宣布收购诺基亚时，诺基亚CEO斯蒂芬·埃洛普（Stephen Elop）心中却是另一种滋味："我们没有做错任何事情，却失败了。"[11] 随着现有业务的转型，我们需要知道些什么，做些什么才不会被时代抛弃？中国正在发生的变化如此之快，即使是中国的"网民"也很难系统地理解和跟上这些层出不穷的新型零售形式，更不用说中国以外世界其他地方的人。在本书中，我们旨在揭开中国零售革命的神秘面纱，解读其发展历程，提供可供全世界学习的经验。我们会特别关注新型零售的发生原因、内涵、形式和未来。我们将着眼于以下三个核心目标。

目标 1：解读中国的零售革命

我们不仅介绍中国新型零售业态的发展（其他出版物对此已经有许多介绍），还结合多年的研究和个人经验，提出新的观点和看法。

我们通过系统的方法来解读中国零售创新者的经验教训，从而展示我们独特的视角和观点，提炼可以被其他企业和个人学习的核心要素。特别是，每一章都着眼于消费者的痛点，然后深入研究创新者如何发展出新型的零售概念来回应和解决消费者的痛点（图 0-1 和表 0-1 展示了我们在本书中分析的创新公司的概况）。

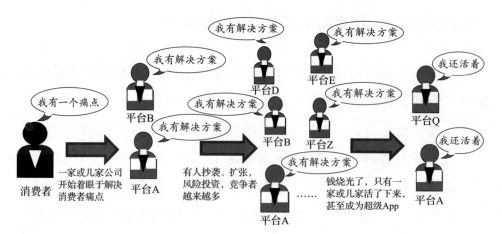

图 0-1　从消费者的痛点到解决方案

表 0-1 本书中涉及的公司及其所在领域

公司	领域	所在章节
阿里巴巴	电商	第 1 章
京东	电商	第 1 章
顺丰	快递	第 2 章
腾讯	社交媒体	第 4 章
美团	生活方式电商	第 5 章
盒马鲜生	OAO 双店模式	第 6 章
拼多多	社交电商	第 7 章
字节跳动	短视频	第 8 章

我们的分析着眼于让读者了解中国的零售创新者采用了哪些组织及其战略选择。我们用比较的方法分析了传统企业与新进入者、外国企业和本土企业、数字化企业和非数字化企业之间的一系列竞争战役（见表 0-2）。通过分析这些商业竞争战役，我们来解读那些从竞争中获胜的企业与其他竞争对手有何不同，以及为什么它们能够胜出。

表 0-2 本书中涉及的商业竞争战役

商业竞争战役	领域	所在章节
淘宝 vs. eBay	C2C 电商	第 1 章
京东 vs. 当当	B2C 电商	第 1 章
顺丰 vs. 桐庐系公司	快递	第 2 章
QQ vs. MSN	即时通信	第 4 章
微信 vs. 米聊	即时通信	第 4 章
微博 vs. 其他"微博"	社交媒体	第 4 章
美团 vs. 饿了么	食品配送	第 5 章
美团 vs. 携程	在线旅游（OTA）	第 5 章
美团 vs. 滴滴	共享出行	第 5 章
抖音 vs. 快手	短视频	第 8 章

本书讲述了中国的新型零售格局如何从最初仅有两家在线零售商（淘宝和京东）发展到今天如此多种形式竞相绽放。

目标2：为全世界的管理人员找到能够从中国新型零售革命中学习的关键点

这本书是写给谁的？

本书的主要受众是零售企业的管理人员，包括中国零售企业和对中国市场有特殊兴趣的国外零售企业的管理人员，也包括那些正在塑造全球零售业未来的人。通过众多案例研究以及与全球管理者的分析和持续讨论，我们开发了超越价值链模型，这个模型能够帮助管理人员塑造全球新零售的未来。本书的每一章都介绍了如何用新的方法看待客户、产品、商业模式、创新、供应链和生态系统。在最后一章中，我们把所有见解都纳入了我们针对新型零售开发的超越价值链模型中。

如下五类管理人员将特别受益于我们在本书中的见解。

（1）在中国有业务的零售企业的管理者，不论是中国本土企业还是外国企业。显而易见，他们将受益于了解中国新型零售的发展和竞争格局，因为这会影响其未来的业务增长。

对于中国本土企业，中国市场的重要性不言而喻。对许多外国企业而言，中国现在也是最重要的市场之一。例如，2019年，雀巢中国的收入占全球总收入的8.2%，联合利华占16%。[12] 对于欧莱雅而言，中国已成为仅次于美国的第二大市场，其中销售收入50%来自线上。[13]

2020年初，美国做空机构浑水（Muddy Waters）指控在纳斯达克上市的瑞幸咖啡编造了3.1亿美元的销售数据。之后，瑞幸咖啡的股价暴跌。瑞幸咖啡的丑闻也对其他在美国上市的中国公司的声誉造成了破坏。瑞幸咖啡曾被认为是中国新型零售的代表，并且是星巴克的有力竞争对手。通过发放优惠券和打折，瑞幸咖啡为消费者提供低价、优质、新鲜的研磨咖啡。一杯原价28元的卡布奇诺咖啡，消费者最终的购买价格不到10元，而且味道和星巴克不分伯仲。客户既可以去咖啡店自提打包带走，也可以在咖啡店坐下来边喝咖啡边和朋友聊天，还可以由附近的瑞幸咖啡店将咖啡送到他们的办公室或家里。

瑞幸咖啡很受中国消费者欢迎，尤其是那些觉得星巴克价格太贵的人，他们很乐意以如此实惠的价格在瑞幸喝咖啡。通过提供优惠的价格，瑞幸成功地培养了顾客消费优质咖啡的习惯。因为在瑞幸的咖啡体验，许多原本喝速溶咖啡的消费者开始喝现磨咖啡，并且在体验过现磨咖啡之后，不愿意再喝速溶咖啡。但问题是，一旦咖啡恢复原价，大多数消费者就不会保持忠诚，毕竟咖啡的原价（28元一杯）远远超过了他们的支付意愿。

尽管瑞幸失败了，却给国内外竞争者创造了机会。实际上，机会一直存在。中国的咖啡消费年均增长率为15%，而全球平均水平为2%。[14] 所以毫不奇怪，2020年，肯德基和Costa都推出了高端速溶咖啡来满足中国消费者不断升级的咖啡消费需求。谁将最终收获中国咖啡市场升级的红利？任何国内外的新进入者，如果想要获得成功，都需要了解行业的动态、中国消费者的观念和行为以及不断变化的消费者偏好。

通过阅读本书，读者不但能够了解中国新型零售的全貌，而且能够了解中国消费者的特征和购买习惯。两者对于在中国零售业取得成功都至关重要。

（2）面向中国以外市场的零售企业的管理者。因为中国零售业的演变或者说革命，将引领全球零售业的趋势。

特别是在新冠肺炎疫情期间，中国零售商的积极应对和表现，为所有试图从新冠肺炎疫情影响中恢复业务的全球零售商提供了重要的、可供学习的经验。疫情带来的最大挑战之一是线下业务的停滞,所以越来越多的零售商希望过渡到线上平台。

对于零售商来说,2019 年是艰难的一年。时装公司 Forever 21 和奢侈品百货公司 Barneys New York 等许多知名公司宣布破产。CB Insights 的数据显示,仅在 2019 年,就有 23 家零售公司宣布破产,而 2018 年为 17 家。[15]新冠肺炎疫情加剧了这种情况,同时也增加了公司对发展线上业务的需求。

太平鸟,一家中国本土时装零售商,2019 年的营业收入为 79 亿元,[16]由于疫情的发生,2020 年 1 月不得已关闭了所有线下门店。无奈之下,公司董事长决定全速发展线上业务。太平鸟将线下销售全部转换为线上销售,开始直播带货。快速转型需要先决条件。太平鸟早在 2008 年就开始在淘宝上开店,发展线上业务,这为在疫情期间快速地转变奠定了关键的基础。

随着各种新型零售模式的发展,中国零售商已经在数字化进程中引领全球。在本书中,我们解释了新型零售(例如团购、社交媒体平台和网红直播卖货)对零售商的意义,以及零售商应如何利用不同的平台来发展线上业务。

(3)对创新(尤其是数字化创新)感兴趣的管理者。他们可以通过学习那些领先的中国企业如何在数字领域创新获得洞见。

那些最具创新精神的零售商在十年前甚至还不存在,它们利用数字技术和平台迅速发展,它们的心态也与传统零售商非常不同。在本书中我们将阐释这些企业的管理者是如何思考的。

例如,超级 App 微信——一项了不起的创新。它包罗万象,几乎将所有的功能结合在一起:即时通信、社交媒体、电子商务、在线游戏、小程序。到目前为止，还没有任何一个应用能够像微信一样如此全面和易于使用。除了微信以外，还有其他令人赞叹的创新者，包括美团、拼多多、盒马鲜生和抖音，每个创新者都有自己的突破性故事。

（4）正在寻求"以客户为中心"战略的公司的管理者。他们将从本书中学习到如何在数字时代实现真正的以客户为中心。我们从那些在中国新型零售中脱颖而出的公司中所看到的，是他们通过商业模式创新或产品化，不懈地追求极致的以客户为中心。

如果说那些在激烈的竞争中幸存下来的公司有什么共同点，那就是它们都将重点放在客户痛点上。产品的宗旨在于为这些痛点找到解决方案。客户才是商业模式的核心。

以客户为中心的一种方式是产品化价值。所以产品化不仅仅指具体的实物产品。产品化是将价值主张和实物转化成有形和无形结合的消费体验。产品化考虑的是客户完整的消费过程，从搜索、互动、付款、交付到售后服务。最优的产品化消除了任何可能造成潜在客户无法完成订单的障碍，无论大小都需要考虑全面。产品设计师需要设计得天衣无缝，以至于客户在没有意识到的情况下，就有冲动消费的行动了。最优的产品化意味着一切都触手可及，客户无须在不同的 App 之间切换，并且根本不需要花费额外的精力就能够完成订单。几乎所有成功的新型零售企业都是通过无所不包的超级 App 运营的。

以客户为中心的另一种方式是使用大数据。拼多多向用户推送的可能是用户自己都没有意识到自己想要的产品，但是一旦用户看到它就有冲动要购买，因为他不想错过这么好的一个交易。抖音向用户推送短视频，可以让用户持续观看几个小时。这并不是什么魔法，这些平台的优势就是大数据和智能算法。用户与它们互动的次数越多，它们推送产品的精准性就越高。

根据消费者的数据设计让他们成瘾的产品是否合乎道德？这可能是我们需要辩论的另外一个话题。

（5）其他新兴国家和发展中国家的政策制定者和领导人。中国新型零售的发展轨迹可以帮助他们了解本国零售未来的广阔前景，并制定正确的政策和激励措施扩大其国内市场，甚至有可能令其国内市场跨越式发展成更加成熟的市场。

中国为世界新型零售的发展提供了范例。发展中国家（如东南亚和非洲国家）的政策制定者可以研究中国所走的道路，并学习如何发展自己的数字零售。在本书中，我们提出了建立新型零售基础设施所需的四大支柱。任何希望大规模发展电子商务的国家，都需要政府以及私营企业在适当的基础设施上进行投入。

在新冠肺炎疫情期间，甚至中国的政府工作人员都在拼多多、淘宝和抖音上直播卖货，帮助偏远农村地区出售当地的农产品。广东省徐闻县的县长吴康秀在拼多多的助农直播间卖徐闻菠萝。湖南省安化县副县长陈灿平在抖音直播出售当地种植的红茶。这些政府工作人员拥抱直播，通过直播来推广当地农产品，进而帮助当地发展经济。

最后，所有对新型零售前沿实践感兴趣的企业高管以及 MBA 和 EMBA 学生，都能够通过本书了解最新的趋势。

目标 3：展望新型零售的未来

零售业还在继续发展，新的模式和形式将会继续出现，已有边界也将不断地被打破。在本书的最后一章中，我们将研究零售领域的未来趋势，并讨论其对企业的重要影响和意义。

多重视角

本书的四位作者均与跨国公司和中国公司有很多合作。本书的目的是为读者了解中国正在出现的新型零售提供多重视角。四位作者对中国公司的综合研究时间长达 50 年，这使得我们对中国公司如何竞争，以及中国消费者如何发展演变有了深入的了解。我们与中国的企业家和商业领袖进行了超过 1000 个小时的访谈，得到了前所未有的见解。同时我们还参考了大量的英文以及中文的原始资料，这些丰富的材料不仅帮助我们拼出完整的图案，还帮助我们交叉检查引用内容以确保准确性。我们还有很多机会与来到 IMD 的全世界经验丰富的高管讨论我们的研究结果，他们的质疑和批判性意见反馈使我们的思路清晰了。从某种意义上讲，本书也反映了全球高管对新型零售的见解、需求和面临的挑战。

最重要的是我们对于新型零售的热情！我们积极地以消费者、观察者、研究者的身份参与并研究和思考这个新的领域！

阅读指引

在本书当中，我们对于了解新型零售以及主要零售公司的发展提供了一种进化的视角。我们根据面对面访谈、公开资料和作为中国消费者的第一手消费经验，收集了大量案例并进行比较、对比和分析。我们不仅向读者呈现与新型零售相关的商业案例，而且还分享我们对事件背后"原因"的解读以及习得的关键经验总结，还根据我们的研究和经验提出建议（见图 0-2）。

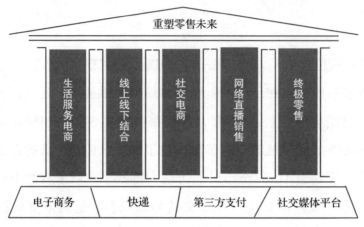

图 0-2 本书结构

本书分为三个部分。第一部分包括第 1～4 章,这四章分别介绍了中国新型零售出现和发展的四个基础性支柱。第二部分包括第 5～9 章,介绍了新型零售的五个发展阶段。最后一部分包括第 10～11 章,总结并完善了主要学习经验,并预测零售未来趋势。

本书可以整体阅读,也可以每章独立阅读。你可以从第 1 章阅读到结尾,也可以直接从你最感兴趣的主题开始,例如拼多多或网红直播销售。每一章的内容都是独立的,可以用作单独的学习和案例研究。

我们同时兼顾知识性和阅读乐趣,希望你在学习新型零售的过程中,也能从了解创业者和企业发展故事中获得乐趣。

你还可以在我们的在线平台上找到其他相关信息:chinanewretail.org。

PART ONE

| 第一部分 |

新型零售的四大支柱

CHAPTER 1
| 第 1 章 |

中国电子商务的崛起：繁荣的 20 年

1999 年，20 世纪的最后一年，彼时，世界上很多地方都被所谓的千年虫所困扰。在中国的十二生肖里，1999 年是兔年。兔子是一种温顺且无害的小动物，至少看起来与这一年发生的戏剧性的巨变没有任何关系。

然而，在中国电子商务的历史上，1999 年是非常重要的一年。这一年诞生了许多在未来举足轻重且具有代表性的互联网公司，这些公司在不久的将来形成了中国互联网和电子商务的竞争格局，甚至在未来的二十多年里影响了中国人的生活方式。

1999 年 3 月，马云在浙江杭州建立了一个名为阿里巴巴的 B2B 电子商务平台。这一年 8 月，哈佛商学院毕业生邵亦波把美国 eBay 的 C2C 模式引入中国，在上海建立了在线交易平台易趣。同是 1999 年，11 月，北京大学毕业生李国庆仿照亚马逊的 B2C 模式成立当当网（后文简称"当当"），并开始在网上卖书。而这一年，eBay 已经成立 4 年，并且在一年前上市，亚马逊也已经 4 岁，并在两年前上市。1998 年，刘强东创立了另一家重要的中国公司——京东，但是京东最初只是电子产品的批发商，直到 2004 年才开始在线上销售。后来同是 B2C 模式的京东与当当展开了激烈竞争，结果大家已知，京东胜出并成了"中国的亚马逊"。

中国的互联网正处于爆炸性发展的阶段，没人能确定谁能够幸免于即将到来的残酷竞争。事后来看，在 1999 年前后成立的这四家中国公司所走的不同道路，经历的交锋，以及取得的成就，是非常有启发性的。接下来我们来看看它们是怎么做的。

B2B：阿里巴巴

英语老师马云

马云 1964 年出生于浙江杭州。这是一座风景秀丽的城市，不仅文化底蕴深厚，而且是中国华东地区的热门旅游城市。随着时间的流逝，这座文化小镇成了中国电子商务的中心，这在很大程度上要归功于马云。爱好英语的马云数学成绩不好，因为数学成绩的拖累，他不得不连续三年参加高考，最后被杭州师范大学（当时的杭州师范学院）录取。[17] 1988 年，24 岁的马云大学毕业，被分配到杭州电子科技大学教英语。在创立阿里巴巴的"十八罗汉"中，有不少人是马云在该校的学生。

1995 年初，马云机缘巧合去了一次美国。正是在这次美国之行中，马云认识了互联网，萌生回国做互联网生意的念头。这一年，马云正式辞去了学校的职务，成了一位互联网创业者。

马云最初创业并不是做电子商务，而是做中国黄页，也就是给企业制作英文主页。然而中国黄页的发展并不顺利。1997 年，马云应中国对外贸易经济合作部的邀请，加盟中国国际电子商务中心。然而体制内诸多限制，满足不了马云的野心。

B2B：阿里巴巴成立

1999年1月，马云和他的团队回到杭州，集资50万元人民币，创立了一家主要为中小企业服务的B2B电子商务公司——阿里巴巴。阿里巴巴的目标是让中国的小型出口商、制造商及创业者能够触达全球买家。

1999年3月，阿里巴巴网站正式上线。5月，阿里巴巴注册会员总数超过两万个。10月，高盛牵头向阿里巴巴投资500万美元。[18] 2000年1月，软银集团投资2000万美元。[19] 有了资金，马云开始了在全球范围内的扩张，继中英文网站之后，阿里巴巴还推出了韩国网站、日本网站……2000年3月中旬，互联网泡沫开始破裂。马云及时调整战略，收缩战线，决定先在本土获得成功，再开始国际化！

2001年12月，阿里巴巴的会员突破了100万个，并开始盈利。[20] 2002年2月，互联网依然在寒冬中颤抖，日本的亚洲投资公司向阿里巴巴投资500万美元，可谓雪中送炭。[21] 有趣的是，在阿里巴巴的早期投资者中，有两家来自日本。日本的投资机构帮助阿里巴巴塑造了中国电子商务的早期轮廓，并且最终超过日本。

C2C：淘宝战eBay

2003年，"非典"疫情暴发，其影响虽然不及新冠肺炎疫情，但是对中国电子商务的发展来说，这一年注定是不平凡的一年。这一年刘强东的京东开始涉足电子商务，从此一发不可收拾。这一段我们稍后再讲。这一年3月，马云从阿里巴巴挑选了10名员工，秘密带到他湖畔的房子建设淘宝网站。5月，淘宝网成功上线！

最初，甚至阿里巴巴内部的员工都不知道淘宝原来是阿里巴巴的业务。阿里巴巴的B2B业务发展非常迅速，它为什么突然要进入C2C领域？这个故事有不同的版本。有传言，2003年初，马云在日本会见了软银的孙正义。这位著名的投资者与马云讨论了C2C和eBay。他们都认为eBay和阿里巴巴太相似了，马云接受了孙正义的建议，决定进入C2C领域，于是就有了淘宝。

淘宝远称不上中国最早的C2C网站。在淘宝成立之时，邵亦波成立的易趣已经4岁。与马云不同，邵亦波是个数学天才。他11岁时就在首届全国"华罗庚金杯"少年数学竞赛中获全国第三名，17岁高二时跳级直接进入哈佛大学，以全额奖学金读本科。邵亦波刚成立易趣，就吸引了一笔650万美元风险投资，[22] 2000年又拿到了2050万美元的融资。[23] 易趣的飞速发展吸引了正欲进军中国的eBay。2002年和2003年，eBay先后两次以总计1.8亿美元收购了易趣100%的股份。[24] 易趣真正意义上成为eBay在中国的全资子公司。

彼时易趣已经占据中国C2C市场70%以上的份额，而淘宝不到10%。[25] 背靠着eBay的易趣，要钱有钱，要资源有资源，要人才有人才，要经验有经验，eBay易趣甚至放出了要在18个月之内结束中国C2C电子商务战争的"豪言"。纤细如小拇指的淘宝，如何对抗eBay的重拳？

淘宝对竞争对手进行了深入的研究，发现eBay易趣在中国基本上复制了eBay在美国的模式，针对每一笔交易向卖家收取佣金。因为卖家是"金主爸爸"，因此整个系统的设置都从卖家的角度考虑。并且为了阻止买卖双方撇开平台直接进行交易，eBay易趣的设置禁止买卖双方直接沟通。

要击败 eBay 易趣，淘宝知道它需要跳出框框思考，而有一种选择就是走和 eBay 易趣相反的路线。淘宝推出了针锋相对的策略，如表 1-1 所示。

表 1-1 淘宝的策略 vs.eBay 易趣的策略

	eBay 易趣	淘宝	备注
收费模式	向卖家收费	免费	中国的 C2C 电子商务市场尚在起步阶段，需要吸引更多的商家和顾客，远未到收费/收割期
平台设计	界面设计清爽，好像逛大商店	以红色为主色调，陈列杂乱无章，更像农贸市场	外国人喜欢大商场，中国人喜欢红火热闹的农贸市场（集市）
沟通交流	禁止买卖双方直接沟通，确保佣金不流失	推出了在线聊天工具"旺旺"，鼓励卖家和买家直接沟通、讨价还价，拉近买卖双方的距离	当时中国的商业环境，信任机制不发达，尤其是 C2C 的交易双方都是个人，没有品牌背书，信任是网购的主要问题，直接向陌生人买东西觉得不安全、不放心
支付	直接转账给卖家	推出支付宝，买方把钱汇给支付宝，买方收到货后确认无误，支付宝才把货款支付给卖家	
搜索	搜索后直接展示买家想要的东西	搜索后陈列的商品重复多样	外国人喜欢购物，目标明确，直接下单；中国人喜欢逛街，漫无目的，然后下单
评价体系	百分制	金字塔式的等级制（星、钻、皇冠），买家给予多维度评价，上传图片	买家不仅仅青睐好评率高的商家，更喜欢和有良好销售历史的商家打交道。这套评价体系后来演变成行业标准，以至于有刷星刷钻的代理公司出现，专门替商家提升等级

与 eBay 易趣相反，淘宝的设计更加从买家的角度出发。传统上，中国只有两种购物场所：一种是街边的农贸市场，人们在那里购买新鲜的蔬菜、肉和鱼；另一种是超市，出售各种日常用品。农贸市场通常嘈杂且不整洁，而超级市场则干净有序。尽管如此，中国人仍然享受在农贸

市场和小摊贩购物的朴实气氛和讨价还价的乐趣。这种氛围，中国人称为人间烟火气。因此，淘宝将页面设计成鲜艳热闹的红色，图片陈列杂乱无章，活生生地把农贸市场搬到了网上。然而，这看似不精美的设计却让淘宝活跃起来，人们感到自己仿佛置身在真实的农贸市场之中。

此外，淘宝注意到大多数买家都喜欢闲逛，因此当客户搜索的时候，网站上会显示出重复的搜索结果。淘宝还注意到，买家通常不信任卖家，因此它鼓励双方直接沟通，并且在买家收到货物之前，资金不会转给卖家。此外，淘宝知道买家更愿意从具有良好信誉和知名度高的卖家那里购物，因此它创建了一个针对卖家的评估系统。所有这些看似不起眼的策略都帮助淘宝一步一步蚕食了eBay易趣的市场份额。

在短兵相接的竞争当中，对手还给了一个"神助攻"。为了把eBay易趣整合到eBay的全球技术平台中，eBay在2004年将eBay易趣的服务器从中国迁移到了美国。这导致eBay易趣系统性能有很大变化，且不稳定，大量用户流失去了淘宝。尽管eBay易趣试图通过与新浪、搜狐和网易等中国一线门户网站签署协议来"封杀"淘宝，但终究无法逆转此消彼长之势。

2006年，淘宝的注册用户达到2250万个，超过了eBay易趣，成为国内最大的C2C网站。[26]同年12月，eBay从中国撤出，TOM收购易趣。

eBay不仅规模更大，而且财务实力更强，淘宝成功以小胜大的原因值得我们去探究。本质上讲，淘宝从根本上解决了以下三个难题，而淘宝的决策更符合中国市场的实际情况。

（1）**本地化与全球整合**。淘宝采取了一系列被证明是适合中国本地市场情况的策略，其中包括淘宝卖家免费，启动了即时通信系统——旺旺和在线支付系统——支付宝。而当 eBay 收购易趣时，重点是全球整合，导致本地化严重不足。尽管 eBay 易趣从 2005 年也开始降低价格，但大势已去，为时已晚。

要重视本地化，说起来谁都懂，但是很难做到。不只是在中国，eBay 在印度也犯了同样的错误。eBay 收购了印度领先的电子商务公司 Baazee，并把 eBay 在美国成功的模式也搬到印度，不到几年 Baazee 就在印度市场排行榜上一落千丈。

在这一点上，阿里巴巴后来在全球扩张时一直非常谨慎。首先，阿里巴巴不会首选欧美市场，而是选择和中国之前的发展阶段相似，能够理解并且能够把中国经验转移过去的新兴市场。其次，它通常选择与强大的当地伙伴合作，而不是直接建立自己的子公司。最后，它不试图将自己的模式强加于当地的合作伙伴。相反，阿里巴巴重视每个合作伙伴的本地优势，用自己的能力帮助它们发展。

例如，蚂蚁金服（前身为支付宝，2020 年 7 月更名为蚂蚁科技集团股份有限公司）在中国取得巨大成功之后，开始向海外市场扩张。首选是人口超过 10 亿，消费者习惯和中国非常相似，智能手机使用也在迅速增加的印度。2015 年 2 月，蚂蚁金服投资印度移动支付独角兽 Paytm 的母公司，获得 25% 的股份。蚂蚁金服向 Paytm 传授了自己在移动支付当中使用二维码的经验。对于印度这个虽然亿万人口拥有手机但没有银行账户的国家来说，二维码对于克服支付交易中的挑战至关重要。Paytm 将二维码引入移动支付应用后，用户激增。到 2017 年 4 月，Paytm 的用户数量从 3000 万增加到 2.2 亿，[27] 甚至超过 PayPal 成为世界第三大电子钱包，仅次于支付宝和微信支付。

（2）**先发优势 vs. 敏捷的竞争对手**。作为中国最早的 C2C 电子商务平台，eBay易趣显然具有"先行者"优势。作为行业领导者，它在品牌、知名度、客户资源和经验方面都具有优势。但eBay易趣面临的挑战是它的竞争对手非常敏捷。eBay易趣需要重新评估过去使它成功的策略（那些在淘宝出现之前，使得eBay易趣在中国非常成功的策略）是否还适用。当淘宝开始陆续推出实用的本地化策略时，eBay易趣才慢慢地意识到它以前的制胜法宝不再有效。eBay易趣决定坚持其成功的美国模式，就已经预示了失败。

2003年，中国的互联网用户数量不到8000万，拥有在线购物经验的人数不到3000万。大多数人只使用互联网查看电子邮件和阅读新闻。[28] eBay易趣只有数百万个注册用户，与庞大的中国人口相比，这简直是沧海一粟。显而易见，eBay易趣仍处于市场起步期而远非收割期。淘宝看到了这一点。免费策略的目的不仅是从eBay易趣吸引用户，它还瞄准更大的蛋糕。淘宝的野心昭然若揭，但eBay却未能重新评估新的竞争格局和固有策略。

（3）鸡 vs. 蛋。先有鸡 vs. 先有蛋：电子商务平台是典型的双边市场，具有典型的鸡和蛋效应，买家越多，卖家就越多，卖家越多商品越多，买家也越多。当每一方都依赖于另一方先出现时，平台必须解决先有鸡还是先有蛋，决定先吸引哪一方。淘宝靠免费策略吸引了卖家，又通过一系列适应中国消费者行为的工具（例如旺旺、支付宝）黏住了买家，逐步把鸡和蛋都吸引到自己的平台上。而eBay易趣向卖家收费的策略，在其他竞争对手免费的情况下，显然没有吸引力，而系统设计又对中国的消费者不友好，因此双边都不讨好。

同样的鸡和蛋问题在共享汽车领域也存在，乘客在意的是能够随时随地叫到车，只要有足够数量的车在平台上，乘客就会越来越多。因此滴滴最开始通过给予司机大量的补贴、推荐费，吸引到了大量的司机加入，乘客数量也随之增加。

B2C：当当、京东与天猫

当当的崛起

1999年成立的第三家重要互联网公司是当当，也是中国的第一个B2C电子商务平台。当当复制了亚马逊的商业模式，在网上销售图书。当当在创业早期就赢得了投资机构的青睐，2000年就获得了第一笔风险投资，2004年又获得了老虎基金的投资，2006年获得了第三轮2700万美元的投资。[29] 2010年，当当在纽约证券交易所成功上市。

从表面上看，当当的头十年进展得非常顺利，顺利到令人难以置信。谁会想到平静的表面下蕴藏着一场风暴？2010年就是当当的巅峰之年。

当当所对标的亚马逊，在图书销售增长的同时，开始将业务扩展到更多样化的品类，例如服装、美妆、电子产品和珠宝。亚马逊完成了从图书销售垂直平台到生活用品全覆盖的在线超市的转变。但是，当当却始终没能超越图书。

甚至当当的后来者——京东，也从3C数码自营电商发展成全品类平台，成为能够与阿里巴巴抗衡的巨头。

京东：中国电子产品的"亚马逊"

1974年，刘强东出生在杭州以北500公里的江苏省宿迁市。出身贫寒的刘强东品学兼优，考入了中国人民大学社会学系。1998年，刘强东从日企辞职，在中关村摆摊卖光盘刻录机，当时成立的公司就叫京东。京东做得风生水起，不断扩大规模，到 2001 年的时候，已经占据了中国差不多 60% 的刻录机市场。[30] 后来刘强东觉得自己作为代理商，上游有强大议价能力的品牌压着，下游没有终端消费者资源，太没前途了。2001 年，刘强东将京东从批发转型为零售，立志让京东成为 IT 行业的苏宁或国美，到 2003 年已经开了 12 个门店。但是，此时的京东和互联网还没有一点交集。[31]

2003 年，"非典"疫情暴发。刘强东的生意遇到了巨大的挑战：没有客户，电子产品价格暴跌，但是租金、工资一分也不能少。迫不得已刘强东开始尝试在网上卖货，带着员工到各大网站发帖推销，没想到第一天就成交了 6 笔，这让刘强东尝到了互联网的甜头。

"非典"疫情结束后，京东的线下业务又恢复了增长。在那种情况下，也许大多数普通人就会恢复熟悉且赚钱的线下业务，但刘强东不是普通人。很少有人愿意迈出新步伐，主动做出改变，尤其是在现有业务仍然良好的情况下。

尝到了电子商务的甜头之后，刘强东当机立断决定关闭自己的实体店，并将整个业务转移到线上。2004 年，京东多媒体网正式上线，在网上卖多媒体产品。当时淘宝因为假货而在互联网上受到诸多诟病，京东一上线就打出正品行货的招牌。为了增加用户黏性，京东从 2005 年开始做 IT 数码全品类。2006 年京东拿到了首轮今日资本 1000 万美元的投资。2008 年，又融资 2100 万美元。[32]

京东，超越数字产品：为什么在线卖图书很重要

有了资金，京东开始扩张品类。向综合性平台的方向发展，开展图书

业务是关键的一步。毕竟消费者一年可能只买一次数码产品，但是会买好几次图书。当京东从 3C 数码"杀"向图书时，它遇到了当时的行业老大——当当，也有了后来著名的图书大战。

当时京东图书的体量还很小，当当想要快速解决京东。当当让出版商二选一：如果给京东供货，当当就不卖它们的书。出版社不敢得罪在线图书老大当当，只好选择不给京东供货。京东决定反击，拼出版商拼不过当当，就从客户端想办法。当当刚 IPO 上市，刘强东就在微博上公开喊话当当的 CEO 李国庆："（京东）每本书都比对手（当当）便宜 20%！"[33]

后来人们称京东与当当的战争是"光脚的不怕穿鞋的"。京东就是那个光脚的。京东的核心业务以及主要利润来源是 3C 数码产品，图书占的比重非常小，因此京东可以用数码产品的利润弥补图书的亏损，而当当就是靠图书吃饭的。京东的策略不言自明，自损二百，杀敌一千。

2011 年 4 月，京东在第五轮私募股权融资中融资 15 亿美元，[34] 而当当 2010 年上市融资不过 2.72 亿美元，[35] 刘强东底气更足了。对外宣称"京东图书五年内不许盈利"，[36] 这一行为使当当彻底失去了长久打价格战的信心。图书极大地降低了新用户尝试京东的门槛，价格战持续到 2012 年，在京东购买图书的用户中，新用户占比在 30%～40%。[37] 京东迈出了向全品类平台发展的关键一步。

京东，扩张至另一个品类：家电

当当自此一蹶不振，市场份额一路下滑，逐渐从中国电商第一梯队边缘化，直到 2016 年退市。

然而，刘强东看起来很享受价格战。与当当"战火"未熄，又和苏宁、国美"打"了起来。苏宁和国美是中国家电连锁的双头垄断者。家电和图书很不一样。图书是一个相对简单的产品，价格低廉、产品标准化，并且人们已经习惯在网上购买，而家电则大不相同。国美和苏宁控制着中国的家电连锁市场。家电普遍价格比较高，消费者在购买前通常都想试一试，因此国美、苏宁的门店基本上在社区附近。尽管如此，刘强东还是决定进军家电领域，并且毫不介意再打一仗。

刘强东故技重施，在微博上公开宣布开战："京东未来三年内大家电产品零利润，同时保证比国美、苏宁便宜10%以上。"[38] 在随后的几个季度中，京东的销售额、GMV等各项指标都高速增长。

京东有底气和当当、国美、苏宁打价格战的另外一个关键原因就是京东的物流体系。

京东未来成功的关键：自建物流

刘强东做出的最具战略意义的决定之一，就是在2007年决定自建物流系统，包括仓储、配送设施和一支完全自营的配送队伍。这个在当时几乎没有人支持的决策，却成了后来京东制胜的法宝。当时京东有很多业务是货到付款，并且70%以上的客户投诉来自物流。[39] 利用当时社会上的第三方物流公司根本无法彻底解决这些问题。京东自建了物流体系之后，不但服务质量大大提升，交付速度也更快。在自建物流覆盖的区域，100%保证次日达，40%～50%保证当日达，并且售后的退换货服务质量也大大提升，产品出现问题的时候，京东物流可以做到隔天或者当天退换。

因为自建物流体系，在价格战的过程中，京东的物流成本更低，底气更足，也没有因为价格战影响配送和退换货的质量。自建的物流体系的确帮助京东吸引了一批忠实用户。在购物的过程中，人们普遍缺乏耐心、不喜欢等待，买了就想很快拿到。不少用户就是因为当日达、次日达等出色的送货服务而成为京东的忠实用户。

2017年4月，京东把物流独立出来成立了全资子公司，除京东之外，还服务其他客户。到2019年底，京东物流的全国配送基础设施能够为全国99%的人口提供服务，在全国89个城市有超过700个仓库、近万个配送站和自提点，几乎覆盖了中国所有的区域。[40] 关于物流，我们将在第2章详细介绍。

京东扩张和价格战的三点启示

（1）平台上的品类与消费者的"黏性"（顾客保留率和参与度）。刘强东在扩张品类的时候非常清楚：消费者不可能一直在当当买图书，在京东买电子产品，在淘宝买衣服，他们巴不得在一家平台上买齐所有的东西。品类单一的平台最终将败给品类丰富的平台，这一点亚马逊一早就诠释过。中国电商的前三名——淘宝、京东、拼多多都是多品类平台，而没能扩充品类的平台，即使曾有过短暂风光，如当当、唯品会，最终也都停滞不前，或者被远远甩在后面。2016年，京东与沃尔玛达成深度战略合作，巩固了自己全品类平台的形象。

（2）竞争与"护城河"（核心竞争力）。京东的"护城河"表面上看是物流体系，实质是用户体验。淘宝的成功在于解决了电子商务网上购物的信任问题，而京东则在供应链上发力，提升配送的速度、质量以及售后服务质量，这两者都是电子商务发展过程中消费者的痛点。不得不说京东重新诠释了中国电子商务的消费者购物体验。有了自己的物流体系之后，京东便可以追踪和无缝管理从购物前（检查库存）到购物后（配送）再到售后（退换货）的消费者体验，并且随着品类增加产生的规模效应而摊低成本，把整个电子商务的服务质量提升到了一个新的水平。淘宝也意识到了物流对于消费者体验的重要性，2013年阿里巴巴牵头成立了菜鸟网络，虽然和京东自建物流的模式不同，但用意都在于提升消费者体验。

如果不能建构起"护城河"，在面对竞争时就会不堪一击。当当虽然是中国最早的B2C电子商务企业，但是并没能构建起自己的"护城河"，和供应商的关系并不稳固，当京东发起价格战，当当仓促应对，却还手无力。如果消费者可以在京东上买到图书以外的更多商品，并且价格更低、物流更快、服务更好，为什么还需要当当？

（3）**价格战与商业模式升级**。价格战就是营销大战，唯一的目的就是抢流量、抢客户。价格战杀伤力强，适合在短、平、快的竞争模式中使用，如果没有信心在短期内打败竞争对手，结束价格战，最终的结果就是两败俱伤。刘强东几次打价格战都是首先利用社交媒体发声，引起关注，并且以弱击强，用自己的副业攻击对手的主业，每次价格战都让自己获得了大量的流量。但是从另一个角度看，是什么让刘强东如此自信地发起价格战？与当当的"战争"是多品类模式对单一品类模式的胜利，与国美、苏宁的"战争"是线上模式对线下模式的胜利。当中固然有京东的竞争策略值得称道之处，但是也是新模式对于旧模式的胜利，即使没有京东的"战争"，多品类战胜单一品类、大家电的销售从线下转移到线上也只是时间问题。尽管刘强东坚信家电的未来是在线上，但他还需要说服消费者。因此，为了打败这两家实力雄厚的企业，京东还使用了补贴策略。这在中国是常见的竞争策略。当年滴滴推出在线打车服务，也给予乘客和司机大量的补贴，从更高的维度讲，这也是新模式对于旧模式发起的价格战,用低价把用户吸引过来,用更好的体验留住用户,一旦新模式战胜旧模式,价格战也就功成身退。京东敢于打价格战,也是因为对新模式有更高的效率和更好的体验、会战胜旧模式有信心。

京东和阿里巴巴的 B2C 竞争第一轮

京东 B2C 做得风生水起,B2B 的领导者阿里巴巴自然也没闲着。没有人确切知道为什么淘宝决定做 B2C。可能的原因是,尽管淘宝表现不错,仍然无法从 C2C 赚到钱。而在 B2C 领域,通过与大品牌合作,有可能增加利润。淘宝已经拥有足够多的 C 端客户,为什么不将他们与 B 端联系起来?

2008 年,马云宣布成立淘宝商城,也开始正式进军 B2C 业务。然而,鉴于淘宝的低端定位,很多知名品牌最初不愿意进驻淘宝商城。为了打开局面,马云亲自出面,从杭州到上海会见优衣库社长柳井正,使淘宝商城取得了突破性的进展。2009 年 4 月,优衣库成为第一个进驻淘宝商城的外国服饰品牌,并很快取得单月销售额突破 1000 万元的销售业绩。[41] 接下来,联想、JACK & JONES、李宁等越来越多的品牌入驻淘宝商城。2012 年,淘宝商城正式更名为天猫。

在巨头们此起彼伏的角逐中,中国的电子商务飞速发展,从 2007 到 2013 年,电子商务交易额年平均增长率超过 50%,有的年份甚至超过 100%。2013 年中国网络零售市场交易规模达到 1.9 万亿元,超过美国成为世界最大的单一市场。[42]

2014 年 9 月,阿里巴巴在美上市,成为美国有史以来最大的 IPO,以首日开盘价计算,阿里巴巴的市值超过 2000 亿美元。[43] 2014 年 5 月

22 日，京东在美国纳斯达克成功上市，市值近 300 亿美元。[44] 2019 年，天猫占中国 B2C 电子商务市场份额的 53.5%，京东占 27.8%。这两大巨头共同占据了全球最大电子商务市场份额的 80% 以上。[45] 此时人们可能会得出一个结论：中国的 B2C 电子商务市场格局已定，阿里巴巴和京东二分天下！但是，在中国似乎没有什么是不可能的，而且没有什么会一直保持稳定。例如，唯品会、小红书和网易等公司已经开始进军垂直的、专业的电商平台。

　　风起云涌的电子商务自然也少不了腾讯的身影。但是 2005 年，凭着即时通信工具 QQ 坐稳江山的腾讯才发现，国内的电子商务市场已经被分割殆尽。2005 年 9 月，腾讯推出 C2C 平台拍拍网，但是并不成功。可能的原因是，那个时候中国的互联网用户已经养成了习惯，他们去 QQ 玩游戏和社交，而去淘宝、京东买东西。多年以后，阿里巴巴的支付宝试图在社交领域与微信竞争，也失败了。2014 年，腾讯终于放弃做电商，在京东上市前和京东达成了战略合作协议。腾讯通过支付现金以及将旗下 QQ 网购和拍拍网的 100% 权益和易迅网的部分股份转移给京东，获得京东 15% 的股份。腾讯还为京东提供微信和手机 QQ 客户端的突出入口位置支持京东。双方还在在线支付服务领域进行合作。这也是京东向其他市场参与者开放股权的开始。2016 年 6 月，沃尔玛通过将其中国电商业务 1 号店出售给京东，换取了京东价值 15 亿美元 5.9% 的股权，后来又增资至 12% 以上。[46]

本章总结

　　在本章中，我们向读者呈现了中国新型零售的第一个支柱：始于 20 世纪 90 年代后期的电子商务。在这里，我们总结了几个值得管理者学习的关键要点。

1. 中国电子商务的兴起是由马云和刘强东等互联网企业家推动的。他们是公司的创始人，几乎能够完全掌控公司的业务发展方向，这意味着他们不需要董事会批准就可以决定愿意承担的风险等级。马云做出的决定是，淘宝在头十年不需要赚钱。为了与苏宁和国美竞争，刘强东愿意为消费者和家电制造商提供补贴。他们都了解在启动阶段用补贴换取流量的重要性。而对于很多上市公司和跨国企业的CEO来说，想要做出这样的决定，他们必须克服许多障碍，并冒着损坏职业声誉的风险。马云和刘强东是在玩长期游戏。亚马逊的创始人杰夫·贝佐斯（Jeff Bezos）也是如此。

我们经常会问盈亏的问题，但也许更重要的问题是：你的风险承受能力是多少？你愿意付出多少？

2. 与许多观察者对中国的看法相反，电子商务在中国的竞争是非常公平的，对国内和外国公司来说都是如此。不论是eBay和淘宝之间的竞争，还是当当和京东之间的竞争，都显示了市场的高度竞争性。

这引申出了一个问题：你如何在这个公平且竞争激烈的市场中与众不同，脱颖而出？

3. 中国电子商务是动态发展的。新玩家进入，老玩家被替换。有时候，老玩家也会重塑自己。而且，电子商务的品类已经远远超越了图书等传统产品。

这里要问的一个实际问题是：你在哪个行业或电子商务领域中竞

争？我们认为，高管们最好问自己：电子商务领域是否存在所谓的类似行业边界的东西？从长远来看，这个问题的答案将影响你如何思考你的业务。

  电子商务无疑是新型零售的基础。通过多种方式将买卖双方联系起来的平台为新型零售的发展创造了必要的支点。电子商务的繁荣也引发了快递革命。快递的发展对于电子商务的成功至关重要，也为新型零售奠定了基础。

CHAPTER 2

| 第 2 章 |

无处不在的快递：看不见的力量

鸡在十二生肖中排名第十，中国有一个成语"鸡毛蒜皮"，就是用来形容微不足道的事情。1993 年，鸡年。这一年在中国有一种特殊的、不起眼的职业开始蓬勃发展，后来中国有差不多 500 万人从事这个职业，[47] 占中国 16～59 岁劳动年龄人口的比重将近 0.6%。[48] 他们每天日出而作，穿梭于中国的大街小巷，风雨无阻。他们的工作看似无关紧要，是微不足道、鸡毛蒜皮的小事，但对电子商务高度发达的中国社会，已经必不可少。甚至在 2020 年新冠肺炎疫情之时也没有停止工作，为人们居家隔离的生活提供保障，成为疫情中城市的"生命线"。中国人亲切地称呼他们为"快递小哥"。

快递行业的格局演变

1993 年，刚从日本留学归来的陈平在北京创立了宅急送。来自浙江桐庐的聂腾飞在杭州创立了申通快递。来自香港的王卫在广东创立了顺丰速运（后文简称"顺丰"）。

为什么是1993年？偶然当中都有着必然。1992年邓小平发表南方谈话，坚定了中国的改革开放之路。中国的民营企业如雨后春笋般发芽，卖力地生长，随之带来的是各类合同、文件、票据等小物件的快递需求急剧增加。

在此之前，四大快递巨头UPS（美国联合包裹）、FedEx（美国联邦快递）、DHL（德国敦豪）和TNT（荷兰天地快运）已经于80年代进入中国市场，但是受政策的限制只能做国际业务。2010年开始，DHL、FedEx、UPS才先后获得经营国内除信件之外的快递业务的许可证。[49] 尽管如此，那个时候本土公司的价格竞争已经非常激烈，外资快递公司在国内业务上完全不具有成本价格优势，因此在中国市场的发展依然以国际业务为主。2019年，外资快递企业业务量仅占中国快递市场的0.4%，业务收入占4.9%。[50]

1980年，中国邮政也已经启动了快递业务（EMS），但是因为体制限制，难以跟得上市场的需求。这也为中国民营快递企业的发展提供了机会。

王卫和顺丰

1971年，王卫出生在上海，7岁跟父母迁至香港。高中毕业后就在香港叔叔的工厂中做学徒。王卫在广东顺德做印染生意时，需要把样品寄给香港的客户，非常不方便。那时不少香港公司都把工厂设在广东，店面开在香港，香港和广东之间的货物往来繁多，出现了不少挟带货物的水客。1992年开始，"挟带"需求越来越多。传说王卫也曾受人之托，帮忙挟带，但是无从考证。无论如何，王卫看准了其中的商机。1993年，22岁的王卫向父亲借了10万元，成立了顺丰公司。

顺丰的早期业务流程是这样的：收到寄件人消息，上门取件，第二天业务员"挟带"出境，送到香港。当时这项业务监管不严，算是灰色地带，门槛也低，很多人在做这种"挟带"生意，收益非常不错。但是这是一种没有差异化的服务，几番思量后，王卫决定以低于市场30%的价格收件，并且依然提供快速发件的服务。[51]顺丰的策略吸引了一批中小商家用户，业务量激增。王卫又着手提升服务质量，让员工把之前的散件集中打包成统一的快件再进行发送，并且定位：只做小件、快递，不做重货。王卫的低价策略显然是成功的，到1997年时，顺丰已经局部垄断了深港货运，顺德到香港的陆路通道上，70%的快递由顺丰一家承运。[52]

1996年，顺丰开始把广东的业务向全国复制，扩大版图。早期中国的快递公司都采用加盟的形式。加盟可以以极低成本快速建立起快递网络。为了快速发展，顺丰在早期也采用加盟的形式。但是加盟模式的弊端也很明显，大量客户资源都控制在加盟商手里，服务质量参差不齐。王卫追求质量，追求专业化，而加盟商得过且过，有钱就赚，想接哪家快递公司的活都可以，这种矛盾是不可调和的。王卫下定决心把加盟商的产权全部收回，采用直营模式。这当然动了加盟商的奶酪，当中的困难不可估量。1999年王卫开始发动收权运动，这自然遭到了加盟商的强烈抵制，据说王卫差点付出生命的代价。后来王卫无论走到哪里，身后都跟着几个保镖。

但是王卫坚定强硬，用三年的时间整顿清理，把顺丰的模式由加盟转型成直营，王卫拥有绝对的话语权。这对于后来顺丰的标准化经营、品牌塑造和全流程管理都至关重要。2002年，顺丰在深圳福田成立总部，并把直营的模式一路向北复制到上海、北京、东北地区……顺丰逐渐铺开了一张覆盖全中国的快递网络。

顺丰定位中高端，商业票据这类价值高、体积小的物品是顺丰的主营业务，这类产品的客户主要是商业用户。敏锐的王卫发现客户首要看重的是速度和安全，其次才是价格，毕竟票据快递的成本对企业来说微不足道。2003年，"非典"对很多行业产生了影响，大部分公司都对投资和现金流保持谨慎。而顺丰却趁着航空运价大跌，借机和扬子快运签下飞机租赁合同，成为国内首个拥有空运快递的民营企业，而此时，其他的民营快递公司还在热火朝天地打价格战。2010年，顺丰拥有了自己的第一架飞机，到2019年拥有了71架货机，是中国最大的货运航空公司，航空运件已经占到顺丰快递总量的18%。[53]

直营、买飞机、做中高端市场，购买最先进的手持终端实时跟踪快件轨迹、从不做广告从不打折、招聘高学历人才、员工的薪水业内遥遥领先……顺丰在良莠不齐的中国快递业脱颖而出，多年保持着配送速度最快、投诉率最低的纪录，当然价格也是国内最高。顺丰的"快、准、安全"是快递行业的标杆。顺丰的客单价平均22元，[54]远超全国平均水平12元。[55]

"四通一达"与电子商务

说起中国快递，不得不提到一个地方，"中国民营快递之乡"——浙江桐庐。之所以被称为快递之乡，是因为中国民营快递前十强之中的五个——中通、申通、圆通、汇通和韵达（"四通一达"）的创始人都是桐庐人，并且员工也以桐庐人为主。

讲到这里，不得不多说几句，关于中国的产业集群效应，也就是同属一个行业的大部分公司创始人都来自同一地区。这是一个有趣的现象，甚至可能是中国独有的。除了桐庐的快递公司外，还有其他的一些产业集群，例如湖南省的新化县，中国全国各地的大多数打印和复印店都是新化人开的；还有鞋，中国70%的鞋都是浙江温州人生产的；[56]在医疗健康行业，福建莆田人经营着中国80%的私立医院；[57]而湖南益阳已成为"羽毛球之乡"，至少出了五位世界级的羽毛球冠军。[58]

这种产业集群现象背后的原因是什么呢？20世纪80年代初，中国"改革开放"初期，有些信息的传播还依赖于众口相传，相关行业的知识和市场准入的信息传播通常仅限于一小部分朋友和家人。而且，来自同一个地方的人们不仅会共享信息，还会共享资本，以及能够接触到的关键人物。一旦有人成功地实践了某种业务模型，来自同一个地方的其他人就会倾向于模仿。对于劳动密集型和低附加值的制造业和服务业来说尤其如此。

顺丰在广东成立的同时，改革开放也让长三角的国际贸易如火如荼。一个问题随之出现，那个时候杭州的货物出口需要到上海的海关去报关。传递报关单是一项时效性极强的工作（通常是24小时内完成），尽管EMS有这项业务，但最快也要三天。但是，有一趟杭州到上海的火车晚上九点左右发，次日凌晨三四点到，这班列车虽然慢，但是便宜，往返火车票30元。做一单报关收费100元，就有毛利70元。面对如此可观的利润，1993年，聂腾飞在杭州成立了申通。

申通的业务发展很快，聂腾飞拉了妻子陈小英、弟弟聂腾云和陈小英的哥哥陈德军加入。但是不幸的是，聂腾飞1998年在车祸中去世。陈家兄妹接管了申通，聂腾飞的弟弟聂腾云在1999年自立门户创立了韵达。申通的财务张晓娟，也是陈德军的同学，劝说自己做木材生意的丈夫喻渭蛟做快递，于是在2000年喻渭蛟成立了圆通。看到自己身边的人纷纷做起了快递，喻渭蛟的同学赖海松 2002 年成立了中通。2005 年，同是桐庐人的徐建荣看到了快递的发展前景，放弃了老本行肉食加工生意，收购了经营困难的汇通也杀入了快递行业（见图 2-1）。

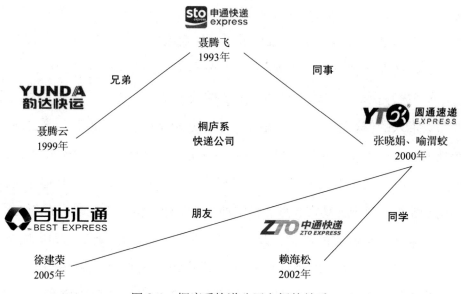

图 2-1　桐庐系快递公司之间的关系

人们称中通、申通、圆通、汇通和韵达，为"四通一达"。其实就是亲戚带亲戚，朋友带朋友发展起来的。这些桐庐系快递企业创始人大多出身草根，但是却在电子商务和快递蓬勃发展的浪潮中撑起了中国民营快递的半壁江山。

"四通一达"与顺丰的多元化业务模式

"四通一达"和顺丰的定位不同，主张低成本带来低价格，依靠加盟的模式快速裂变扩张，很多加盟店都同时接多家快递公司的业务。"四通一达"之间存在着严重的同质化竞争，员工薪酬低，速度和投诉率也一直被诟病，发展步履维艰。在追求速度和可靠性的商业市场上竞争不过顺丰，但是"四通一达"发现了适合自己生存的土壤——电子商务的配送。当人们在网上购买日用品时，例如十几、二十元钱的牙膏和洗发水，或几十块钱的衣物，他们更关心的是成本，而不是速度。

淘宝的出现给"四通一达"带来生命的新契机，也深刻地影响了中国的快递业。淘宝的业务发展得越来越好，作为电子商务重要的一环，快递自然也进入了马云的视野。2005年，马云开始寻求与快递企业合作。最初马云找到了中国邮政，但是邮政的价格和效率根本无法与淘宝匹配。此时，圆通的喻渭蛟抓住了机会。为了和淘宝合作，圆通不断让步，价格一降再降。一般跨省的快递圆通定价是18元，被砍到12元，省内的快递价格则从15元砍到8元。[59] 2006年，淘宝和喻渭蛟签订了合作协议。随后，桐庐系的其他快递公司也陆续与淘宝合作。随着电子商务的飞速发展，快递行业的发展也进入快车道。到2008年中，全国快递业务量已经有1/3来自电子商务，2018年这个比重已经是78%。[60] 可以想象，如果没有电子商务，没有网络零售，中国的快递市场规模可能只是今天的20%。

面对电商市场的蓬勃发展和"四通一达"的激烈竞争，顺丰也并非无动于衷，2013年，顺丰以"标准件6折"的价格杀入电子商务的快递领域，但是这个价格与"四通一达"的价格相比并无优势。虽然通过这一举措，2014年顺丰来自电商的收入增加，但毛利率却大幅下降。2018年，进退两难的顺丰再次尝试进入电子商务，这一次，顺丰采用加盟制的模式推出了新品牌"顺心捷达"，降低成本入局电商。

2016年是中国快递公司的IPO年。2016年10月，圆通上市，市值为 980 亿元人民币。[61] 也是 10 月，中通在纽约证券交易所上市，市值超过 900 亿元人民币。[62] 12 月底，申通上市，市值为 300 亿元人民币，[63] 韵达于 2017 年 1 月上市，市值为 486 亿元人民币。[64] 2017 年 2 月，顺丰上市，市值为 2300 亿元人民币。[65] 顺丰一家的市值几乎与其他四家的总和相当（见表 2-1）。

表 2-1 中国快递公司 IPO

年份	2016	2016	2016	2017	2017
公司	圆通	中通	申通	韵达	顺丰
市值（亿元）	980	900	300	486	2 300

而同是 1993 年成立的宅急送，成立之初在中国快递市场有过短暂辉煌，但是因为家族企业治理结构等种种原因，创始人陈平几次离开又回到宅急送。宅急送后来跌出了一线快递公司的行列。[66]

在电子商务的推动下，中国的快递行业得到了快速发展，到 2014 年，快递总运量达到 140 亿个包裹，超过了美国，成为全球第一。[67] 2018 年，中国占全球快递包裹市场的一半以上。[68] 规模的扩大也降低了成本。快递的平均单价从 2007 年的 28.5 元下降到 2019 年的 11.8 元。尽管顺丰的运费仍然更高，为 21.93 元人民币，但也呈现出下降的趋势。[69]

电商自有物流

在中国的快递企业当中，除了顺丰和通达系之外，还有一个重要的玩家，就是电商平台的自有物流体系。这些电子商务平台不依靠第三方快递公司，而是创建了自己的物流系统，为自己带来了很多优势。京东就是其中之一。当客户使用京东购物时，系统会自动处理订单并与具有相应库存的仓库匹配。系统会自动生成条形码和运输标签，可以将货物与订单匹配。分拣、包装和分类后，货物将被运送到客户所在城市的配送站和自提点。如果其中包含来自不同仓库的货物，这些货物就会被合并一起交付给客户。订单发货后，系统会自动更新每种商品的库存水平，以确保能够根据需要补充库存。在相应的区域仓储中心或配送站有库存的货物，当天上午11点之前收到的订单在当天就能交付，晚上11点之前收到的订单第二天下午3点之前就能交付。并且，在下订单之前，顾客就可以看到何时能够收货，并可以通过手机App跟踪物流状态。对于依赖第三方快递的其他电商平台而言，这样的无缝衔接几乎是不可能的。

京东的全国配送基础设施是中国所有电子商务公司中规模最大的。[70] 截至2019年底，京东已在七个主要城市建立了区域物流中心，并在28个城市建立了高需求产品的前端配送站，在89个城市建立了700多个仓库。京东的配送设施覆盖了中国几乎所有地区。[71]

尽管构建如此庞大的基础设施的固定成本非常高，但是，只要系统运营没有达到能力的上限，为增加一个新订单提供服务的边际成本就非常低。2017年4月，京东物流从京东剥离出来，成为独立实体。除京东以外，京东物流还为第三方公司提供仓储、运输、配送和售后服务等全面的供应链解决方案。2018年2月，京东物流从外部投资者融资约25亿美元。[72] 2019年，京东的物流及其他服务收入达到33.72亿美元，约为2017年的四倍，占京东总收入的4.1%。[73]

京东不是唯一一个建设自有配送基础设施的电子商务平台。苏宁和唯品会也建立了自己的物流设施。苏宁的物流体系于2012年独立出来，成为第三方物流公司。而唯品会由于自建物流的成本高昂，不得不于2019

年放弃，转而与顺丰进行战略合作。[74]

规模效应对于物流企业的生存至关重要。当诸如京东这样的电子商务平台开放其自有物流基础设施，向第三方客户提供服务时，它们就会直接与顺丰和其他独立的快递公司竞争。2019 年，京东物流从第三方客户那里获得的收入占总收入的 40% 以上。[75] 京东物流已经成为顺丰和"四通一达"强有力的竞争对手。2021 年 5 月，京东物流于香港联交所主板上市，市值超过 2800 亿港元，力压"四通一达"。[76]

智慧物流网络：菜鸟

与京东不同，淘宝一直没有自建物流体系，而是依靠第三方物流。淘宝差不多 80% 的快递都是"四通一达"做的。随着淘宝物流对"四通一达"的依赖越来越深，快递速度慢、质量差等问题也暴露出来。问题在订单暴增的"双十一"尤为明显。2009 年淘宝刚刚开始做"双十一"的时候，有的当天的订单到了年底才到货，有的食品送到时甚至已经变质，严重影响了购物体验，引起消费者诸多抱怨。不自建物流不代表不重视物流。2013 年，阿里巴巴牵头成立了菜鸟网络科技有限公司，"四通一达"投入 1% 的股份。

阿里巴巴坚持让菜鸟成为一家数据驱动的公司。[77] 菜鸟网络没有雇佣一个快递员，也没有一辆快递车。[78] 菜鸟的目标是建立智能物流骨干网络，通过大数据提升快递行业的速度、效率和质量，实现"全国 24 小时、全球 72 小时必达"的目标。[79]

如此宏大的目标落地起来却有很多琐碎的事情。菜鸟做的第一件事是统一快递运单格式。因为各家快递公司的快递运单格式不一样，商家为了批量发货不得不接入不同快递公司的打单系统，接入的成本较高，费时费力。并且还有大量使用的纸质运单没有接入数据平台，快递公司需后期手工录入简单信息，录入成本很高。这也是导致快递业一直未能实现大数据化管理的主要原因之一。2014年5月，菜鸟正式推出了标准化的公共电子面单平台。通过与各家快递公司和商家系统打通，实现快递从揽收、中转到配送的全程信息化标准化。2015年12月，菜鸟开始向物流公司提供基于云的企业资源规划（ERP）系统，将物流公司完整的操作系统集成到菜鸟云中。韵达快递、百世汇通、申通快递和天天快递都采用了菜鸟的云解决方案。在通过菜鸟为物流公司提供服务的同时，阿里巴巴也对这些物流公司进行股权投资。到2019年底，阿里巴巴已成为"四通一达"公司的主要股东之一。

菜鸟虽然没有自己的车辆和快递员，但是有自己的仓库。自建仓库的目的是缩短供应链。在传统的电子商务供应链中，商品从供应商的仓库发货，在这个过程当中，会经过很多个层次的流转才能最终到达快递公司的配送中心，然后到消费者家门口。漫长的供应链，加上仓库不统一，导致交货速度慢、效率低下和服务体验差。为了提高效率，菜鸟决定建设仓库。截至2018年中期，菜鸟已完成了3000万平方米的全国性仓库网络的建设。[80]一些仓库是自建的，也有一些仓库是与中远物流和EMS等公司合作建造的。

2015年，菜鸟开始与社区的超市、便利店和小商店建立合作伙伴关系。这些合作伙伴作为快递的提货点，改善了快递服务的"最后100米"问题。这些合作伙伴被称为菜鸟驿站。到2019年底，已经有超过40 000家菜鸟驿站。[81]

2013 年 12 月，阿里巴巴向海尔的子公司日日顺投资了 1.8 亿港元。[82] 日日顺在全国范围内提供家用电器的交付、安装等服务。[83]

提升物流效率是菜鸟的主要目标，菜鸟同时也注重可持续发展。2016 年 6 月，菜鸟与 32 个合作伙伴联合成立了菜鸟绿色联盟。联盟承诺到 2020 年将 50% 的包装材料替换为 100% 可生物降解的包装材料。[84] 2017 年 3 月，菜鸟物流与中国环境保护基金会（CEPF）、阿里巴巴基金会和六家物流公司成立了绿色联盟基金，计划投资 3 亿元人民币用于研究物流和供应链过程中的最佳实践，特别是在包装、送货车辆使用清洁能源以及利用大数据来优化资源方面的创新。[85]

经过几年的发展，菜鸟网络搭建的智能物流骨干网已经初见成效。在国内，众多的物流公司已连接到菜鸟的网络，快递的平均时间从 4 天缩短到了 2.5 天。[86] 1600 多个县域实现当日达和次日达。电子面单、智能分单、物流"天眼"、智能语音助手等平台级技术已经成为中国快递物流业发展的加速器。[87] 菜鸟在全球范围内拥有 80 多个全球物流合作伙伴和 231 个跨境物流仓库，能覆盖 224 个国家和地区。西班牙、荷兰、法国以及东南亚多个国家已实现 72 小时达。[88]

2019 年，中国的快递业务量超过 600 亿，相当于每人每年超过 40 件快递。[89] 到 2020 年，这一数字达到 800 亿。[90] 这些令人印象深刻的数字不仅因为电子商务的快速发展，以及物流网络建设，还因为中国政府对基础设施的大量投资。中国的铁路主要功能是旅客运输，高速公路则是货运的枢纽。现在，全中国有超过 150 000 公里的高速公路，按高速公路里程来讲是世界最长的，比排名第二的美国多 40 000 公里。[91] 现在，中国的高速公路已经能够覆盖人口超过 20 万的几乎所有城镇。对于任何旨在发展电子商务的发展中国家，政府对基础设施的投资都是至关重要的。

但是，仅仅有基本的公路和铁路基础设施并不能保证电子商务的发展繁荣。仍然需要有公司提供物流服务。像顺丰和"四通一达"这样的企业，能够在数以百计的快递公司中，在激烈的竞争中幸存下来，并取得了巨大的成功，不是靠运气和概率，是因为他们做对了一些事情。

（1）针对不同的市场细分选择不同的运营模式。中国有14亿人口，GDP仅次于美国。中国还是一个幅员辽阔的国家，经济发展的区域性差异很大。一方面，北京、上海以及大多数沿海省份的生活水平接近发达国家；另一方面，中国的内陆和边疆地区远远落后。此外，城乡之间的经济发展也存在明显差异。因此，中国的市场足够大和足够多样化，在快递行业中可以并存多种不同的运营模式：

第一种是顺丰和"四通一达"采用的第三方交付模式，它们为电子商务平台、其他卖家和个人提供专业的快递服务；第二种是京东和苏宁采用的垂直整合模型，苏宁和京东都拥有自己的电子商务平台，也有自己的物流系统；第三种模式是阿里巴巴的菜鸟模式，菜鸟本身就是一个生态系统，可提供连接所有参与者的数字和物理基础设施，从而提高整个行业的效率。

并且在第一种第三方交付模式中，顺丰依靠直营管理，而"四通一达"选择了特许经营。无论选择哪种模式，至关重要的是针对目标客户群，选择要提供的产品、服务以及要部署的模式。这个道理同样适用于中国的电子商务平台。即使已经有占据绝对主导地位的平台，而且似乎看不到更多的可扩展空间，但是总有办法找到机会。在中国电子商务领域，没有什么是一成不变的。

（2）管理500万个快递员。快递行业是典型的劳动密集型，加上外卖小哥，中国有500万的快递员。这是什么概念，几乎相当于新加坡全国的人口数。大部分的快递员没有受过良好的教育，只有初中或者高中学历。但是对于快递企业，他们是直接与消费者和商家接触的，他们的表现直接影响着客户的体验，快递小哥激励好了，客户的问题就迎刃而解。顺丰和京东的做法类似，他们自己雇佣快递员，快递员的收入取决于他们揽收或交付的包裹数量。为了赚更多的钱，大多数快递员每天工作超过八小时。而在京东，工作五年以上的快递员所得收入基本上都可以在老家买一套房子。[92] 除了合理的工资外，他们还给予快递员充分的尊重。2016年4月，一名顺丰的快递员在北京派送过程中，与一辆小轿车发生轻微碰撞，驾驶小轿车的中年男子连抽快递员耳光并使用侮辱性的语言。一向低调的王卫震怒，在自己的微信朋友圈发出狠话："我王卫向着所有的朋友声明！如果我这事不追究到底！我不配再做顺丰总裁！"[93] 顺丰上市时，被打的快递小哥也被邀请到了敲钟的现场。简而言之，就是精神上尊重，物质上不亏待。

（3）**科技助力**。不仅仅是菜鸟在用科技改变物流行业的运营效率，所有头部的快递企业都在布局数字化转型、高科技赋能。顺丰2018年和2019年研发费用占到营业收入的2.3%，不仅仅是顺丰，所有的快递龙头企业都在布局高科技。这对于利润率在5%～8%的快递企业很难能可贵。[94] 相比之下，自2000年以来，联邦快递每年在研发方面的投入为1%～2%。[95] 随着近年来电子商务的增速下降，快递行业的增长率也从2017年之前的50%以上下降到20%左右，而且，随着快递网络体系越来越大，劳动成本日益提升，这些在竞争中拼杀出来的快递企业非常清楚，下半场的竞争是科技能力的竞争。顺丰、京东、通达系基本上都有了自己的配送机器人以及无人机，大部分的快递客服都由机器人在提供。

本章总结

中国新型零售革命的第二个基本支柱是快递业快速、综合性的发展。尽管中国快递业的发展在很大程度上是由蓬勃发展的电子商务需求所引领，但就其发展速度，不得不说仍是一项壮举，特别是考虑到中国市场的规模和多样性。可以肯定地说，如果没有快递行业的兴起，就很难实现电子商务的交付。快递公司奠定了基础设施，京东和阿里巴巴的菜鸟等提供了信息流，但是直到今天，快递行业的主要驱动力仍然是无数勤奋工作的快递小哥。

快递行业的发展为全球高管和决策者提供了有益的学习经验，因为它表明：

1. 如何应对和发掘中国庞大的市场规模和多样性的市场需求：针对不同的市场细分选择不同的运营模式。

2. 如何做好对庞大的、未受良好教育的劳动力管理问题：精神上尊重，物质上不亏待。

3. 在运营更加智能化方面，技术将在未来发挥主要作用。

电子商务和物流构成了新型零售的两个基础支柱。第3章，我们将介绍第三大支柱，同时也是零售革命的必要推动力之一——在线支付解决方案。

CHAPTER 3

|第 3 章|

第三方支付：带领中国进入无现金社会

2003年10月，远在日本的淘宝卖家崔卫平与西安的一位买家达成了一个买卖意向，以750元的价格出售一款富士数码相机。[96]当时，淘宝才刚刚成立，中国的网上购物交易量仍然很小，人们很少使用信用卡或借记卡进行在线支付，日常购物的时候大多支付现金。因此，那时网上购物的结算方式一般是货到付款。但是750元在那个时候可不是个小数目。两位远隔千里的陌生人就如何达成交易讨论来讨论去，却没有找到解决方案。然而，就在10月15日，淘宝推出的支付宝改变了这一状况。支付宝被设计为一种"担保交易"模式，也就是支付宝负责保管资金。支付宝付款流程是：首先买方将资金转给支付宝（而不是直接转给卖方），并且只有当买方确认收货后，支付宝才把资金转给卖方。崔卫平的这笔交易，是支付宝历史上第一笔成功的交易。[97]

支付宝的不断创新与演进

信任的钥匙

如今,人们已经对支付宝的模式习以为常,并视为理所当然。但是,在支付宝推出之前,全世界都没有这样担保交易模式的电子商务支付解决方案。淘宝于2003年5月上线,最初用户增长缓慢,不乏对电子商务持怀疑态度的人,消费者对在线交易保持谨慎。卖家担心货发出去了没收到钱,买家担心钱付出去而没收到货。马云迅速意识到,在淘宝这个C2C的系统生态当中,缺少一样最重要的东西——买家与卖家之间的信任。如果淘宝要进一步发展,必须立即解决这个问题。

淘宝最初的学习对象自然是eBay的付款系统——PayPal。毕竟,eBay是行业的先行者,也是淘宝当时最大的竞争对手。PayPal是一种便捷的在线支付系统,但是,它无法解决缺乏信任的问题。淘宝团队不仅仅研究竞争对手来探寻解决方案,他们还逛论坛查看用户反馈来集思广益,基于此,支付宝的担保交易模式逐渐清晰起来。

从产品设计的角度来看,支付宝的担保交易解决方案并不是一项史无前例的重大创新,在线支付的功能PayPal已经做了很多年。而早在17世纪,英国就开始提供托管服务(custodian service),多年来,托管服务已发展成为一项独立的银行业务。银行保管客户的委托资金,并按照约定付款。支付宝的模式就是结合了PayPal的在线支付功能和银行的托管服务(见图3-1)。

如果不同的卖家提供类似的产品,客户当然更愿意在支持担保交易的卖家那里购买。结果,越来越多的卖家开始使用支付宝。担保交易使得在电子商务尚不发达的阶段，买家和卖家少了很多顾虑。买卖双方可能不互相信任，但他们都可以信任支付宝。一旦信任问题得到解决，淘宝和整个中国的电子商务便会进入一个全新的发展阶段。

图 3-1　支付宝 vs. PayPal

支付宝对"信任"的理解深入骨髓。它不满足于仅仅解决在线支付问题，而是想走得更远，以最大限度地降低客户的风险。2015 年 2 月，支付宝还推出一项活动，名为"你敢付，我敢赔"，如果用户在使用支付宝的过程中因受到诈骗而产生损失，支付宝全额赔付。

账户体系：不仅仅是支付

支付宝刚刚推出的时候，付款结算由淘宝的财务部门完成，主要使用 Excel 来记录交易。买家将资金转移到支付宝在中国工商银行的公司账户中，确认收货后，支付宝便将资金从其工商银行的公司账户转移到卖家的银行账户中。刚开始的时候，每天只有寥寥几笔付款要处理。但是，随着业务成倍地增长，处理账务的工作量也显著增加。这时候，有一个重要问题出现了：如何提高结算效率和降低转账成本。

支付宝与工商银行进行了沟通磋商，双方同意开发一套互相连接的电子处理系统，将整个交易流程电子化。新系统投入使用后，转账压力得到了极大的缓解。继工商银行之后，支付宝继续与其他十几家银行合作，完成了网银在线系统的连接，淘宝上的买家可以直接跳转到各家银行的网银界面进行支付。

支付效率问题得到了解决，但是交易笔数不减少转账成本还是降不下来。2004年底，支付宝启动了会员账户系统。淘宝用户同时可以申请成为支付宝会员。这样，支付宝就建立了一个虚拟账户系统：如果一个卖家有多笔收款，支付宝可以将其合并为一笔交易。这样，汇款次数成倍减少，转账成本也降低了。

而且，原本为了解决转账成本问题的会员账户体系，带来了更多意想不到的好处。用户在支付宝的账户里有了余额，就会产生一定的黏性，购买次数就会增加。此外，个人账户意味着除了简单的付款外，还有可能在未来提供多种金融服务。更重要的是，会员的购物习惯和付款记录等信息可以成为大数据，这在几年以后成为最宝贵的资产。

快捷支付的挑战

淘宝的交易量一路高歌猛进，从2005年的80亿元增至2009年的2000亿元，四年增长了25倍。[98]这时，支付便捷性的问题出现了。那个时候，买家付款时，会跳转到各家银行的网银，每家银行的网银流程各异，而且都非常烦琐，有的甚至要用U盾支付。支付流程中的失败率很高，许多潜在客户到了最后的付款阶段流失了。

这对于支付宝来说当然是不能容忍的。支付宝又进行了更多的研究，发现几乎所有银行在进行水电费扣费缴费的业务时，都向公用事业公司提供一种服务：公用事业的用户仅需签署一次性授权，同意开通自动扣费服务，就可以将水费和电费自动从用户的银行账户扣除，而不需要每次进行登录和验证。有了想法，支付宝开始游说各家银行。2010年，最先和工商银行、建设银行、中国银行合作，客户一旦授权和验证同意将支付宝账户和银行卡绑定，银行就可以通过支付宝发起扣款。用户在支付时只需要输入手机校验码或者支付密码，而不需要每次都进行复杂的验证流程。这就是"快捷支付"。快捷支付不仅提高了支付成功率，而且为后续手机移动支付功能的发展奠定了坚实的基础。如果没有快捷支付，很难想象现在人们用手机支付的时候还需要跳转到网银，进行登录验证等一系列流程才能付款。

在尝试运营6年后，2011年5月，支付宝从中国人民银行获得了经营第三方支付的许可证牌照。[99]

移动支付：全面转型

到2013年，中国的智能手机用户占到了所有手机用户的43%。似乎一夜之间，人们就从PC时代搬到了移动时代。但是，支付宝还没有为移动时代的到来做好准备。危机感在整个公司蔓延。2013年春节刚过，支付宝举行了全员动员大会，全面向移动转型。300多名技术人员组成的团队，夜以继日闭关工作3个月，开发移动App，推出了支付宝7.0版。此后支付宝便一直在迭代。随后，2015年推出了改进的支付宝9.0版。这一版的支付宝已经超出了支付平台，而是定位为提供各种生活服务的平台。打开支付宝App，用户可以轻松地获得各种基于位置的服务——

如滴滴打车、饿了么外卖等。

随着智能手机在中国的不断普及，支付宝全面转型到移动端的决策显然是正确的。到 2019 年，中国 53% 的人口使用智能手机，移动支付总金额达到 347 万亿元人民币，连续数年全球第一。[100] 用户可以通过支付宝 App 购买电影票、订外卖、找到距离最近的加油站等。用户还可以把支付宝中的钱进行投资，购买货币市场基金或其他理财产品。[101] 2019 年第四季度，支付宝占中国移动支付市场的 55.1%，高居第一。[102] 在这个只靠一部手机就可以走遍中国的时代，如果支付宝当时错过，就连淘宝都有可能在移动化的过程中被超越，甚至被甩在后面。

余额宝：从支付解决方案到金融服务提供商

随着支付宝会员账户系统的启动和运行，支付宝里的资金规模迅速增长。但是，事情都有两面性，快捷支付使用户的付款流程更简便流畅，却使会员保持账户余额的动力降低了。快捷支付越方便，人们在支付宝账户中保持余额的可能性就越小。如何才能既保持快捷支付的客户体验，又能提高用户的忠诚度和黏性（保留率和参与度）？最直接的方法就是给用户的账户余额支付利息。我们相信金融服务很早就已经在支付宝的视野中了，它所需要的只是一个起点。

2013 年 6 月，支付宝与天弘基金合作推出了首个互联网基金"余额宝"，用户可以将支付宝的余额放入由天弘基金管理的货币市场基金中，不但可以赚取利息，还能享受活期账户的灵活性。该基金的年回报率约为 3.6%，[103] 与当时银行活期账户存款 0.35% 的利息相比，简直太有吸引力了。[104] 在十天内，"余额宝"就吸引了超过 100 万的用户。到 2016 年，支付宝管理的资产已经达到了 7000 亿元人民币。[105]

支付宝继续推出其他新的金融服务。用户还可以在支付宝上购买诸如共同基金、贵金属甚至保险之类的理财产品。2015年4月,支付宝推出了消费者信贷服务——蚂蚁花呗。根据评估的信用等级,用户可获得500元至50 000元不等的消费信用额度,可以享受最多41天免息期。传统金融机构的服务并没有覆盖蚂蚁花呗的客户,在1980年后出生的那一代人中,蚂蚁花呗尤其受欢迎。同时上线的还有贷款服务——蚂蚁借呗。根据人们的信用评分,蚂蚁借呗的用户可以申请从1000元到300 000元不等的贷款额度,最长还款期为12个月。

随着余额宝的问世,支付宝的挑战不再仅仅针对支付交易,而更多地在于如何为用户做好金融服务。一方面,重要的是要使产品多样化;另一方面,要保持客户的忠诚度和参与度。总而言之,支付宝允许消费者在同一个平台上既可以花钱、借钱,又可以管理钱、赚利息。

蚂蚁金服:不仅仅为了淘宝

2014年10月,蚂蚁金服成立。这想必是阿里巴巴很久以前的想法:支付宝应该成为一个独立的实体,不仅可以服务淘宝,还可以服务其他客户。事实上,2004年12月8日,支付宝就已经从淘宝独立出来,成立了浙江支付宝网络科技有限公司。2011年,雅虎对阿里巴巴IPO之前的所有权转让提出了质疑:"雅虎公司透露,中国的阿里巴巴集团已将其在线支付公司的所有权转让给了由阿里巴巴首席执行官马云控制的新实体。"[106]

马云、阿里巴巴的其他联合创始人以及早期雇员共同持有蚂蚁金服76%的股份。支付宝和余额宝都是蚂蚁金服的一部分。蚂蚁金服将许多新的金融产品推向市场,其中包括在线消费信贷产品蚂蚁花呗,用于众筹的蚂蚁达克，用于财富管理的蚂蚁财富，和为金融机构提供云服务的蚂蚁金融云。蚂蚁金服一直是国内和国外（印度、韩国、泰国和菲律宾等亚洲市场）的活跃投资者。

蚂蚁金服官网首页的宣传片展示着无数个普通人的生活，他们不但普通且对生活充满希望。阿里巴巴从成立之初就是为中小企业服务，而蚂蚁金服的服务对象也是"小人物"，就像蚂蚁一样渺小，但它们在通往目的地的道路上永不放弃。

2015年5月，银保监会向阿里巴巴授予了互联网银行牌照，蚂蚁金服和其他几家公司共同成立了网商银行。这是蚂蚁金服互联网金融生态系统更加成熟和完善的一个重要标志。网商银行为消费者、农民和中小企业提供金融服务；特别是电子商务领域的中小型企业。截至2018年6月，网商银行已为1 042 000家中小企业提供服务，贷款总额超过1.88万亿元。[107]

为了进一步促进阿里巴巴电子商务的全球化并跟随中国客户的海外旅行，蚂蚁金服还进入了国际金融市场，其估值也不断上升。2015年7月，蚂蚁金服获得了A轮融资（投资者包括国家社会保险基金和国开金融），估值达到450亿美元，成为超级独角兽企业。10个月后，公司的估值增加了150亿美元。2016年4月，蚂蚁金服又融资45亿美元，估值达到600亿美元。[108]

蚂蚁金服原本计划于2020年11月5日在香港和上海证券交易所上市，并计划筹集345亿美元，预计成为历史上规模最大的IPO，估值为3130亿美元。[109] 然而，2020年11月3日，上海证券交易所暂停了蚂蚁金服的IPO，原因之一是存在和蚂蚁金服高杠杆比率有关的风险。[110]

支付宝和蚂蚁金服的创立为后来移动支付的出现奠定了坚实的基础，

并为中国电子商务的发展做出了不可磨灭的贡献。如果没有支付宝，中国的电子支付和互联网金融的发展可能会滞后几年。支付宝一路攻城拔寨，推陈出新，从淘宝的一个小小的支付工具，发展成了渗透到中国人生活方方面面的金融独角兽（见图3-2）。

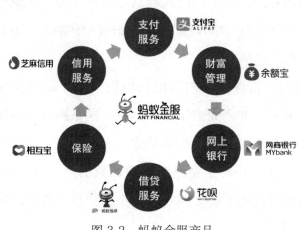

图 3-2 蚂蚁金服产品

微信支付与支付宝之战

2005 年，微信的母公司腾讯也推出了其支付工具财付通。2013 年，财付通与微信联系起来，微信支付横空出世。一直以来，腾讯都被认为是社交媒体领域的领导者，而不是在线支付领域的重要参与者。根据艾瑞咨询的报告，2014 年，支付宝在中国在线支付市场上占据了 82.8% 的份额，腾讯以 10.6% 的份额位居第二。[111] 腾讯的创始人马化腾希望彻底改变这个格局。

2014 年春节，微信创新地推出了微信红包，借着春节之势快速传播开来：仅 2014 年除夕当天，就有 500 万用户参与了微信红包。在 2015 年春节，微信红包更上一层楼，有 3000 万用户交换了超过 10 亿个红包。接下来的 2016 年和 2017 年更是爆炸性增长，微信支付系统吸引了数百亿的用户。

除了红包盛宴，中国的春节也是地球上最大的人类迁徙。据估计，在将近一个月的时间里，有 30 亿人次出行。当住在城市的农民工回到农村的家中时，他们也把新的微信支付带回了农村。截至 2018 年第三季度，按日活（DAU）和月活用户（MAU）来说，微信支付在庞大且不断发展的中国在线支付市场中已经占据了主导地位。

腾讯在红包大战中占据了上风，支付宝也不甘落后。更大的"支付战争"扩展到了中国商业生活的各个领域，无论是线上还是线下，每个水果摊和每一家超市、酒店。中国人已经习惯通过扫描二维码来支付生活中的各项费用，不管是买菜，还是支付停车费。微信支付和支付宝是如此方便，以至于中国人在出国旅行时倍感不便，因为在国外付款主要还是用现金和信用卡。

微信支付和支付宝之间的竞争显而易见加速了移动支付向中国社会的渗透，并为新型零售奠定了基础。如今，随着无现金社会越来越成为现实，许多人已经完全不用钱包了。

支付宝和微信支付成功的背后原因是什么？它们是如何一个接一个地解决难题，并不断发掘新的机遇，才变得如此成功？

（1）**从模仿到创新**。20 年前，当中国电子商务还处于起步阶段时，大多数企业家都在研究如何才能够复制美国的电子商务模式。他们以美国公司为蓝本。但是仅仅靠模仿并不能使中国成为全球电子商务的领导者。事实上，为满足消费者需求而寻找解决方案的创新，并不一定需要重大的技术突破。支付宝是通过托管交易的模式解决了买家和卖家对信任的需求，这仅仅是对交易流程的修改，算不上一项重大的发明。可以将其视为 PayPal 和更传统的银行信托账户的组合。这种流程上的变化虽然看起来微不足道，但它开启了中国电子商务的新纪元，并为支付宝的未来发展奠定了基础。同样，支付宝的独立账户系统也不是技术上的突破，但确实帮助公司发展成为独立的第三方支付工具，这也是蚂蚁金服日后发展必不可少的前提。

（2）以客户为中心。支付宝的成功是因为它解决了一个又一个客户痛点。在快速发展的互联网时代，对于公司来说，要不断发展就需要发现并解决新问题。如果说支付宝的成功是遵循了一条重要原则，那就是"以客户为中心"。在担保交易已经能够解决绝大多数的信任问题之后，支付宝还推出了"你敢买，我敢赔"的服务，把用户体验做到极致。创新是不懈追求以客户为中心的必然结果。20 年前，大多数中国公司在技术上均不如海外竞争对手。它们必须更加努力地改善用户体验才能赢得客户。中国公司提高了用户体验的门槛，跨国公司别无选择，只有追赶，更加以客户为中心，为客户提供更多的价值，否则可能会在中国市场失去客户。

（3）巨人的惯性。余额宝的出现无疑对中国的商业银行产生了巨大的影响。其实在余额宝推出之前，中国传统的商业银行并不是完全没有想过做类似余额宝这样的通过互联网销售的货币市场基金，但是最终没有一家银行做起来，因为存贷差是银行最主要的利润来源，谁也不想为客户的利益主动提升自己的成本。换句话说，客户的利益最大化被企业利益所超越。这与柯达胶卷的案例很类似，事实上柯达最早发明了数字照相技术，但是害怕失去自身在传统胶卷产业的既得利益，不愿意做颠覆自己的创新，最终被别人颠覆。

本章总结

今天，中国消费者使用手机订外卖、买电影票、打车。在路边摊上，扫描二维码向小贩付款。即使账户里只有一元人民币，也可以享受金融服务。支付宝和微信支付在实现所有这些方面发挥了关键作用。

但是，我们不应忘记，这些发展和创新是在解决在线交易当中所遇到的种种挑战、抓住出现的机会的结果。我们总结在表3-1里。在这里，我们再次强调解决客户面临的实际问题的企业家精神和务实思维方式的重要性。

表3-1 支付宝/蚂蚁金服的里程碑

时间	挑战	机遇	创新
2003年	在线交易时陌生人之间的信任	—	支付宝
2004年	结算效率	—	虚拟账户系统
2010年	支付转账的高失败率	—	快捷支付
2013年	移动支付	—	支付宝移动版
2013年	—	支付宝里有余额	余额宝
2014年	—	多种产品	成立蚂蚁金服——世界上最大的金融科技公司
2015年	—	交易数量巨大	消费信贷和贷款

在下一章中，我们将介绍最后一个支柱，即社交媒体。社交媒体是新型零售的真正催化剂，没有它，商家与客户的接触点将仅限于人们在线购物时使用的各种静态的电子商务平台。

CHAPTER 4
第 4 章

社交媒体平台：新型零售的加速器

随着电子商务平台的建立，支付方式的发展以及物流网络的建设，新型零售发展的三个基本条件——产品的信息流、资金流和商品流已经具备。电子商务似乎已万事俱备。但是，我们的研究发现，电子商务要实现指数式的增长和蓬勃发展还需要一种催化剂：社交媒体平台。

新型零售的发展越来越依赖于微博、微信和小红书等社交媒体平台。并且，一些新的零售模式本身就起源于社交媒体平台，其后续的快速发展也依赖社交媒体平台。这些社交媒体平台帮助培养了某些消费者的习惯和行为。例如，很多人选择饭馆之前会在大众点评上查看之前顾客的评论，在购买化妆品之前会去小红书上比较一些KOL（关键意见领袖）对不同商品的推荐和评价。如果没有社交媒体，某些新型零售形式可能根本就不会出现，或者出现的时间要晚很多，发展的速度也没那么快。随着研究的深入，我们逐渐发现，社交媒体平台是中国新型零售格局当中不可或缺的一部分，因此我们也将其作为新型零售发展的基础支柱之一。

第4章 社交媒体平台：新型零售的加速器

尽管各种社交媒体平台争相斗艳，各有不同，但在本章中，我们重点介绍最有代表性的三个平台：微信、微博和小红书（见图4-1）。

图4-1 中国最具代表性的社交媒体平台

微信

腾讯：从QQ开始

腾讯1998年成立的时候，定位是开发一款软件系统，可以从互联网上呼叫传呼机。但也是在1998年，手机开始流行，连传呼机都逐渐退出了历史舞台，更不用说腾讯的互联网传呼机业务了。

尽管传呼机已经被淘汰，但基于互联网的即时通信服务已开始受到关注。1996年，三名以色列大学生开发了ICQ，也就是"ISEEKYOU（我找你）"的意思。ICQ用户添加好友后就可以互相聊天、发送消息并传输文件。ICQ受到年轻人的欢迎，并在不到一年的时间里成为世界上最受欢迎的即时通信软件。[112] 到1998年，ICQ被美国在线以4.07亿美元的

价格收购时，用户数量已超过1000万。¹¹³

出色的互联网产品在中国肯定不缺模仿者。腾讯只是其中之一。1999年2月，腾讯开发的OICQ正式上线。在产品上线之后，团队根据网民们的体验，不断发现和修复Bug。马化腾还时不时跑到附近的网吧，现场观察用户的使用情况，以深入了解用户体验并确定需要修复的错误。9个月后，OICQ的注册用户就已经超过100万，国内的几家竞争对手都被远远地甩在了后面。

但是因为没有找到任何盈利模式，OICQ很快就烧光了腾讯的钱，账上只剩下1万元钱。不但没有钱增加更多的服务器，所有员工的薪水都不得不减半。四处无门，马化腾决定出售腾讯。虽然马化腾的开价只有300万元，但是据不完全统计，至少有6家公司拒绝购买腾讯公司的股份。¹¹⁴

面对越来越少的资金，和更加渺茫的被收购机会，腾讯想到了风险投资。最后IDG和盈科冒险投资了这个虽然看起来很受欢迎，但是谁都不知道将要怎么赚钱的OICQ。毕竟美国在线斥巨资买下了ICQ，这是非常令人鼓舞的。

但是问题接踵而来。2000年，美国在线（AOL）起诉腾讯侵犯知识产权，并要求归还两个域名OICQ.com和OICQ.net。马化腾不得已决定将OICQ重命名为QQ。也是因祸得福，QQ似乎比OICQ更容易传播和被记住。2000年11月，QQ2000正式发布，并成为腾讯历史上经典的QQ版本之一。从那时起，QQ的发展一骑绝尘，用户数量很快突破了1亿。

即使用户数量激增，腾讯仍无法找到盈利模式，财务上步履维艰。加上2000年互联网泡沫，IDG和盈科的投资很快就要烧完。腾讯又一次面临山重水复疑无路的境地。但是马化腾似乎注定命中有贵人，柳暗花明，总部位于南非的投资公司 MIH 投资了腾讯。

腾讯进入 MIH 的视野非常偶然。MIH 中国业务副总裁网大为（David Wallerstein）注意到，每次他去中国的网吧时，几乎每个人都在使用 OICQ。而他认识的几家洽谈投资的公司总经理，名片上都印有他们的 OICQ 号。他对 OICQ 的受欢迎程度感到好奇，就联系上了腾讯。

在 MIH 的帮助下，腾讯又活了下来。

正如尼采所说："杀不死我的，只会让我更强大。"这句话形容腾讯最适合不过。

为盈利而战

腾讯迫切需要找到盈利模式，到处尝试，找到了中国移动（中国移动后来成为中国三大运营商当中实力最强大的）。2000 年底，中国移动推出了"移动梦网"业务，为手机用户提供各类增值服务，如游戏、图片下载及听音乐等。收入由中国移动和第三方内容提供商分成。腾讯成为首批三家签约的合作伙伴之一。腾讯，终于开始赚钱了。

但是收入过度依赖"移动梦网"业务，让马化腾有强烈的不安全感。他一直在探索其他的盈利模式。事实上，马化腾的担忧后来应验了。2004 年中国移动向所有"移动梦网"第三方合作伙伴关闭了大门。

为了赚钱，腾讯还尝试过广告，但是效果不佳。大部分 QQ 用户的年龄小于 25 岁，而当时的广告主主要来自汽车、房产、高档化妆品和奢侈品行业，腾讯的用户明显和这些产品不匹配。腾讯也尝试过"靓号收费"，对 QQ 账号进行收费，结果引起了极大的舆论危机。也曾尝试过收会员费，结果也令人沮丧。原因之一可能是，当时中国的年轻消费者几乎没有人有信用卡，网上支付非常不方便。

对于任何一家在线运营商，想要在网络上赚钱，网上支付都是绕不开的问题。腾讯必须解决这个问题。2002年，腾讯推出了虚拟货币"Q币"，一元人民币可以购买一个Q币。用户可以用手机话费充值的方式来购买Q币，这样就可以跳过信用卡。2003年，腾讯仿照韩国sayclub.com网站的虚拟形象推出了一个新功能，"QQ秀"。用户可以用Q币购买虚拟的衣物、饰品和环境场景等来设计自己的虚拟个性化形象。出人意料的是，QQ秀一炮走红，在年轻人中非常受欢迎，成为腾讯重要的收入来源。

中国老一代人和西方人，对于为什么中国的年轻人愿意花钱购买QQ秀的虚拟道具来装扮自己很不理解。在超过2000年的中国历史当中，人们深受儒家文化的影响。儒家文化受历代统治者的推崇，强调尊卑等级、克制欲望以及遵守礼节。这些都深刻地约束着中国人的言行。人们在生活中压抑内敛，不敢公开表达自己真实的感情，害怕被批评和评判。而QQ秀这种虚拟形象让年轻人可以在虚拟的世界里自由地表达自己。腾讯销售的不仅仅是虚拟道具，还是情感寄托。QQ秀是腾讯早期成功的秘密之一。

2004年6月16日，腾讯正式在港交所挂牌上市。当天换手率就高达104%，收盘更是跌破了发行价，[115] 市值72亿港元。[116] 16年后的2020年，腾讯的市值已经到5万亿港元，增长了694倍。[117] 如果你在2004年投资买了1万元腾讯的股票，现在值690多万元了。

张小龙与微信

微软的MSN来了，竞争升级给腾讯带来了巨大的威胁。再一次峰回路转的是，这次威胁成为马化腾最大的幸运。

2005年，QQ占中国即时通信市场77.8%的份额，排在第二的是微软的MSN，占10.58%。然而，在两家都很看重的约2000万商务人士用户中，腾讯只占47%，MSN占53%。[118]腾讯在商务市场中表现不佳的原因之一是很多公司明文规定上班时间不得使用QQ。更重要的是，MSN取得了如此佳绩之前，微软甚至还没有对MSN做过任何本地化和宣传推广。2005年，微软决定将MSN业务独立出来，实施本土化运营。

面临如此强大的敌人，QQ开始出击。但是，想要在短期内改变QQ在用户心中的认知，吸引到更多的商务用户，是很困难的。腾讯想到了另外一个办法——电子邮箱。因为商务用户经常把电子邮箱和即时通信工具绑在一起。微软的Hotmail很强大，用户众多，但是QQ邮箱的用户体验并不好。此时，腾讯已经上市，也有了钱，赶超MSN最好最快的办法，就是收购。腾讯打起了Foxmail的主意。

Foxmail是一款邮件客户端，开发者就是张小龙。Foxmail在1996年一问世就大受欢迎，中文版的使用人数在一年内就超过400万人，英文版的用户也遍布20多个国家，是十大国产软件之一。2000年，张小龙把Foxmail以1200万元的价格出售。2005年2月，腾讯收购了Foxmail。然而对腾讯来说，这次收购获得的最大的资产并不是Foxmail，而是张小龙。

刚到腾讯的几年里，张小龙继续负责邮箱业务。他花了很多心思提升邮箱的现有功能以及开发新的功能，例如漂流瓶、阅读空间等。很多这些创新的功能，后来都融入了微信当中。虽然QQ的邮箱越来越好用，用户也越来越多，却一直没有找到邮箱的盈利模式。张小龙也颇感压力。

当然，众所周知MSN在中国最终还是败给了腾讯。究其失败的原因，还是跨国公司的本土化的问题。腾讯为 QQ 拼尽全力，而 MSN 中国对微软来说甚至是无关痛痒。曾经有玩笑说，MSN 中国团队 2005 年就提出了开发 MSN 离线消息的功能需求，直到 2008 年微软总部才批准开发。[119] 彼时腾讯和 MSN 的战斗已经结束。

微信的诞生

转眼，时间到了 2010 年，一款名为 Kik 的软件引起了张小龙的注意。Kik 是一款非常简单的手机即时通信系统软件，在 App Store 和 Android Market 刚发布 15 天就有超过 100 万人注册下载。Kik 上线一个多月，小米就发布了类似的模仿产品——米聊。与此同时，张小龙也带着一支不到十人的队伍开始开发类似的产品，两个月后的 2011 年 1 月，张小龙的团队推出了微信。

虽然那个时候腾讯 QQ 的用户群已经非常庞大，但是微信刚刚推出的时候，并没有利用 QQ 的用户流量进行推广。原因是张小龙认为一个产品如果没有"自然增长曲线"，就不应该推广。事实上，微信的第一版波澜不惊。在第二版当中，微信增加了语音聊天功能，明显对用户很有吸引力，用户开始活跃起来。到了 7 月，微信又推出了"附近的人"功能，用户可以发现附近也在使用微信的人，加为好友。这个功能的推出是里程碑式的，带来了微信用户的井喷，日增用户数达到了 10 万以上，张小龙看到了他想要的自然增长，接下来需要做的不言自明。腾讯开始利用 QQ 巨大的流量，对微信进行强势的推广。

在与微信即时通信的竞赛当中，米聊开始得非常迅速，并且表现得也并不逊色。但是，小米毕竟没有像腾讯一样运营大量用户的经验。因为用户数的激增，米聊的服务器频繁宕机。在关键时刻不能有一点失误，米聊因此败下阵来。

而从设计出生就定位为手机 App 的微信，替腾讯在移动互联网时代抢下了一个无可替代的入口。到 2018 年 10 月，微信用户数量已经突破了 10 亿，有过半的用户每天打开微信至少 10 次。[120]

"一个生活方式"

张小龙对微信的定位是"微信是一个生活方式"。乍一看，这是一句很难解释和描述的口号，但是如果你看到微信推出的群聊、位置分享、朋友圈、红包、公众号、小程序等，你会感受到微信是如何融入人们的生活当中的。

2012 年 4 月，微信推出"朋友圈"功能。用户可以把照片、文字分享到朋友圈，通讯录中的好友能够看到，并对照片进行评论、互动。一时间刷朋友圈几乎成了人们每天必须要做的事情。看似简单的朋友圈，开始让微信超越简单的即时通信工具，向社交平台升级。

之后不久，微信又上线了公众平台，推出了微信公众号。公众号也是一个战略创新。公众号有两种属性：媒体和电商。擅长写作的自媒体人开通自己的微信公众号，那些对其内容感兴趣的粉丝就会关注订阅，甚至在自己的朋友圈和微信群里转发。企业也可以开通公众号，发布企业的相关资讯，进行公关和推广，或者直接销售商品和服务。主动订阅公众号的用户，是更加精准的目标客户，并且用户的忠诚度也更好。公众号使得媒体人和商家获得了在社交环境下与用户连接和互动的机会，企业与客户之间的距离从未如此的接近过。现在微信公众号已经是各大媒体以及任何一家公司的标配。每一个试图在中国市场上获得成功的人都必须问自己一个问题：我如何与微信建立关系？

随着人们在手机上花的时间越来越多，人们也创造出了越来越多各种各样的 App。但是大多数 App，用户只是偶尔才会使用，却也要在手机上下载安装。张小龙敏锐地发现了这个问题，2017 年，微信又推出了"小程序"功能。小程序就是嵌在微信里的 App，不需要下载安装，即插即用，用户也可以在微信里把小程序传播分享。企业都把小程序和微信公众号绑在一起，提升客户的留存率和参与度，把产品内容转化为电子商务机会。现如今，几乎所有的主流 App 都有了微信小程序的版本，包括拼多多和京东。小程序生生把微信从平台升级成了全包软件的生态。

虽然腾讯的产品已经是如此的丰富和综合，但是用户对社交媒体的要求多种多样，腾讯无法垄断全部。

微博

在 2006 年成立的 Twitter，是一种微博客，用户可以在 Twitter 上发布 140 个字符以内的消息，展示自己的动态。用户也可以查看、评论、转发其他人发布的信息。2007 年开始，Twitter 火了起来，Twitter 的用户数量激增，奥巴马等名人也加入进来。

国内最早仿效 Twitter 的是饭否，创始人就是后来创立美团的王兴（我们会在第 5 章介绍王兴和他的美团）。饭否在 2008 年红极一时，有很多名人入驻。但是，时运不济，2009 年饭否所有服务器都遭受关闭。这给了新浪机会。

2009 年 9 月，新浪微博悄然上线。在推出微博之前，新浪就已经成功运营了新浪博客——中国人气最高的博客。新浪擅长运用明星效应，效果在新浪博客时就已经体现出来。推出微博后，新浪更是邀请娱乐明星、商业名人、媒体记者等入驻，为新浪微博造势，进行推广。新浪微博迅速成为国内最具代表性和影响力的微博。很多有重大社会影响力的事件最初都在微博发酵。很多草根甚至在微博上靠持续发布内容和与粉丝互动成为红人。例如，淘宝店主张大奕 2010 年就开通了微博，还开了自己的淘宝服装店铺，2014 年开始在微博上发布服装的照片、视频，并且与粉丝互动。粉丝会到淘宝下单完成交易。现在张大奕微博粉丝接近 1200 万。[121]

随着新浪微博的迅猛发展，彼时的互联网巨头搜狐、网易、腾讯也相继推出了微博。腾讯微博于 2010 年 5 月推出，比新浪晚了半年多。但是，无论是因为起步时间也好，运营策略的差异也好，粉丝基础也好，搜狐、网易和腾讯都没有超越新浪。腾讯后来有了微信，也不再与新浪在微博上纠缠。后来，人们只要说起微博，指的就是新浪微博。到 2019 年 12 月，微博拥有 5.16 亿 MAU 和 2.22 亿平均 DAU。[122]

微博的成功，不仅仅在于名人效应运用得好。微博的成功还在于它满足了人们表达的欲望。在微博这种形式出现之前，人们只能通过官方媒体渠道获得信息。但是，人都是有想法的，这与是否有相关的知识无关。本书的作者之一聂东平曾经讲过关于她母亲的事情。她母亲的祖父、父亲和兄弟都是中医，不过她母亲本人从来没上过医学院。但是她母亲非常热衷于给人们建议，例如哪里不舒服应该吃什么药等。这位母亲不是个例。许多人都声称自己是某个领域的专家。当他们看到或者听到什么，就抑制不住地想要发表评论给出意见。社会上总是不缺业余观众、业余评论员和业余新闻记者，而微博是他们的理想之地。

微博带来了中国网络传播的社会化时代。在微博上，用户自己掌握发布、选择和传播信息的权利，过去金字塔式的、自上而下精英传播的模式遭到颠覆。对大众有吸引力的内容可以以极低的成本和更快的速度传播。曾担任谷歌大中华总裁的李开复说:"因为有微博,每个人都有可能,也都应当参与进来,让自己成为新媒体的创建者!"[123]

就这样,微博成了中国的网红和 KOL 的孵化基地。即使是在其他平台上火起来的网红,例如抖音或者火山,也还是会将微博作为自己和粉丝互动的基地。

小红书

微信是熟人之间的社交平台,人们在微信上与亲人、朋友、同事互动,信息的流转也在熟人圈内。微信公众号的推出让微信也具有了媒体属性。

微博是陌生人之间的社交平台,内容以新闻娱乐八卦为主,信息的传播速度与范围和微信相比是乘数级的。

尽管人们热衷于阅读新闻娱乐八卦,"吃瓜"㊀看戏,但是在很多时候也需要专业意见,喜欢和 KOL 互动交流。小红书之所以能够风靡,正是与微信、微博留下的这个空白领域有关。

小红书的创始人毛文超出生于 1985 年,是典型的商业精英。毛文超毕业于中国最好的大学之一,上海交通大学,后来又进入全球顶级的咨询公司贝恩,工作四年之后到斯坦福读了 MBA。毛文超创业的念头来源于他自己的经历。有一次他为父母买东西,搜索海外购物攻略时发现几乎是空白。2013 年,斯坦福毕业后,毛文超回到上海,和自己的朋友瞿芳共同创立了小红书。小红书的意思是海外购物的红宝书,定位是海外商品的真实口碑平台。

㊀ 网络流行语,意为在网络环境中,用来表示一种不关己事、不发表意见仅仅围观的状态。

小红书的创始团队推出的第一款产品，就是找购物达人编写了八个国家和地区的购物攻略，例如美国和日本。提供了在不同国家购物的建议，包括商品、价格、退税打折信息以及商家介绍。小红书在苹果应用商店上线三个月后，下载量已达数十万。[124] 小红书上线一周后，毛文超去了香港。他在小红书上上传了为朋友代买的 iPhone5s，结果引来 100 多条留言，包括"限购吗""排队吗""金色有吗""能刷信用卡吗""能刷不是自己名字的信用卡吗"等五花八门的问题。

顺理成章，当清晰地看到用户对所讨论的商品产生购买欲望，2014 年小红书上线了电商平台，主做跨境电商。2018 年小红书的市场份额占到中国跨境零售电商总额的 3.7%，第一名是天猫国际，占 31%。[125] 显然小红书在社交媒体上的能量没有完全转化到电商。截至 2019 年 7 月，小红书用户数已超过 3 亿，到 2019 年 10 月，月活用户数也已经过亿。[126]

现如今，小红书已经从最初的细分的海淘攻略社区，转型成为生活方式分享平台。人们在小红书上分享的内容包含美妆、护肤、旅游、健身、美食等。越来越多的人使用小红书，人们的参与频率也在不断增加。小红书上的品牌也从海外逐渐拓展到"海外 + 本土"。小红书的口号也从最初"找到国外的好东西"改成了"标记我的生活"。每天，有超过 30 亿条吃喝玩乐买的图文笔记、短视频等内容在小红书上发布。小红书上美妆、护肤和时尚领域的 KOL 最多，小红书的用户特别有特点，90% 左右是女性，其中 70% 是"90 后"。[127] 小红书的粉丝喜欢参与讨论和内容创作。例如粉丝在购买了 KOL 推荐的化妆品之后，就会发表评论，或晒图互动，这也是二次创作内容的过程。这样的互动比我们将在第 8 章讲到的抖音、快手等要活跃，粉丝黏性也要强。

小红书从海淘攻略切入，引起了广泛的关注。内容主要涵盖奢侈品、旅行、化妆品、时尚和美容等。小红书上的 KOL 有演员、高中生和全职妈妈。国内外的奢侈品牌都与小红书上的 KOL 合作（如 Rita 王），充分利用了小红书平台的力量进行推广。表 4-1 列出了微信、微博和小红书属于哪种社交互动类型，以及三者各自的局限。

表 4-1　微信、微博和小红书比较

	社交互动类型	局限
微信	熟人互动的社交平台	封闭的互动系统
微博	陌生人互动的社交平台	流言和虚假新闻泛滥
小红书	与 KOL 互动的社交平台	专业的主题领域

在中国的社交媒体平台上，几乎没有看到外国公司的身影。这与中国的政策有关，无形中也给了中国企业竞争上的优势。但是，纵观中国社交媒体的发展演变，竞争丝毫不逊任何地方。面对激烈的竞争，中国的社交媒体已经从简单的模仿，变成了创新的动力工厂，驱动着中国新型零售的格局发展。

（1）互联网企业的本地优势。到现在我们看到了 eBay 与淘宝、亚马逊与京东、Paypal 与支付宝、ICQ/MSN 与 QQ、Hotmail 与 QQ 邮箱在中国相互竞争、发展的案例。在互联网发展的前 20 年，西方的公司在技术上有着巨大的优势。然而随着互联网行业进入成熟阶段，技术的重要性已经让位于产品，而产品的重要性又让位于用户体验。当用户体验成为重中之重，地域文化、用户的消费行为以及本地化成为企业竞争的关键。本地企业的优势，在电子商务上似乎比制造业表现得更为明显。中国和西方社交媒体平台的差异还体现在盈利模式上。几乎所有美国社交媒体平台的盈利都依赖于广告，而中国同行的选择要多很多。腾讯 QQ 的虚拟道具，微信上的小游戏，小红书上的电商，这些都是很大的收入来源。

（2）"**后发是最稳妥的方式。**"在西方的商业世界中，人们都强调"先发者优势"。但是马化腾的逻辑恰恰相反。马化腾说："因为互联网市场太新太快，往哪里走都有很多可能。如果由自己来主导可能没有办法证明所选择的就是对的"，马化腾后来将上述这段话概括为一个策略——"后发是最稳妥的方式"[128]。从 QQ 到微信，再到支付解决方案，腾讯都是先跟随模仿先行者，然后针对痛点进行创新，最后毫不留情地超越。如今更为不同的是，腾讯有了 QQ 和微信的庞大流量，在创新超越上更有底气，能够在各个领域更好地发挥后发者优势。马化腾从不认为"第一"有多重要，他与丁磊竞争游戏，与马云竞争电子商务，与新浪竞争微博，与李彦宏竞争搜索引擎。他经常把其他竞争者的想法拿来，并想尽办法试图赢得战斗。如此四处树敌，以至于人们不得不送了马化腾一个绰号"全民公敌"。不过，"全民公敌"不等于常胜将军，毕竟腾讯在微博上没有胜过新浪，在电子商务上最后也放弃了自己做，转而入股京东、拼多多。但是，腾讯也确实能够在某些领域确立优势地位，例如 QQ 和微信，还有游戏。

（3）**内部竞争，机遇与效率。**张小龙在开发微信的同时，腾讯还有几支团队在独立进行同样的工作。事实上，如果从业务线上分，微信这个产品的开发权限并不属于张小龙的邮箱团队。这就是腾讯内部的"赛马"机制。赛马机制说起来也简单，就是不管内部什么项目，都不是完全由高管团队决定的结果，而是来自基层的业务单元的独立创新。微信、《王者荣耀》、QQ 游戏等都是赛马机制的结果。当几个团队都做出同类产品之后，这些产品被放到线上一起相互竞争，互相 PK。腾讯则根据各产品的表现决定分配多少资源来推广该产品，谁的表现更好、发展更快就独立形成业务。有人可能觉得赛马机制会带来资源的浪费，但是如果真的有"不可错过的机遇"，一定程度上的浪费和试错也是必要的。我们在第8章中会讲到的字节跳动，也就是抖音的母公司，在孵化短视频项目时，也是同时内部有几个项目在竞争，例如抖音、火山小视频和西瓜视频。字节跳动称之为地毯式孵化。无论是叫地毯式孵化还是赛马机制，其主要目的都是通过内部竞争来快速开发出适应市场的最优的产品。

本章总结

中国的社交媒体平台是推动传统电子商务向新型零售转化的催化剂。出于监管等方面的考虑，社交媒体平台的格局与世界上其他地区不尽相同。在中国，出现了平行的社交媒体平台，可以说，比世界上任何其他地方都更具竞争力和创造力。正如英国广播公司（BBC）报道的那样，中国社交媒体平台正在引领社交媒体的未来之路。[129]

随着新兴的中产阶级拥有充裕的可支配收入，并渴望拥抱新的物质世界，中国已经进入了新型的、日益无界的零售时代。这个新型零售的时代就是建立在成熟的电子商务平台、便捷的在线支付系统、无处不达的物流网络、和无所不含的社交平台之上的。

在本章探讨了社交媒体平台之后，中国零售革命的最后一个支柱也为大家呈现。从第5章开始，我们将探讨在这些支柱之上发展出的各种新型零售模式。

PART TWO

|第二部分|

新型零售的五个阶段

CHAPTER 5
|第 5 章|

生活服务电商：重塑生活方式

中国有句古话，民以食为天，这句话一点都不夸张。吃是中国文化当中非常重要的部分，儒家有言"夫礼之初，始诸饮食"，说的就是中国最早的礼仪是从饮食活动开始的。

中国人对吃的热爱不仅仅表现在文字上，更表现在实际行动上。人们愿意花很长时间耐心地在他们喜欢的饭店门口排队，并且对于食物的成分和新鲜程度非常挑剔。海底捞为了帮助等座位的顾客打发漫长的等位时间，甚至提供各种小吃饮料、下棋、修指甲、照看小孩等服务，而且这些服务完全免费。

吃也是中国人非常重要的社交活动之一。老朋友聚会，如果不到最有特色的、美味的饭馆吃一顿，似乎就"不够意思"。食物越美味，气氛越好。同事朋友之间也会经常打听，"有什么好吃的饭店推荐吗""哪道菜最好吃"中国人花费大量的时间探讨美食，炫耀烹饪知识。家庭餐桌上的谈话也通常从食物开始，然后再延展到其他主题，例如电影、假期或学校。

随着经济发展，中产阶级崛起，可支配收入也不断增加，中国人的消费愿望已经从满足基本的生活需要，转向提升生活品质。外出就餐、旅行、娱乐等消费需求越来越多。麦肯锡的一份报告表示，新兴的上层中产阶级的规模持续扩大，到 2022 年，54% 的中国城市家庭将跻身上层中产，[130] 这相当于 4 亿人口的数量。[131] 而千禧一代正成为消费的主导力量。千禧一代的消费正以年均 11% 的速度高速增长，是 35 岁以上消费者增速的两倍。[132] 他们追求好的产品品质，对服务标准的需求高，并且能够接受新事物。

互联网电子商务的发展，已经为购物提供了新的方式，极大地满足了人们提升生活质量的需求。然而，对于吃喝玩乐这样的生活服务，是不是也有新的解决方案？

美团点评：重塑生活方式

小李今年 27 岁了，生活在北京，是一名 IT 工程师。今天是星期五，每周的最后一天工作日，小李总是心情愉快。早上出门，他在小区门口找到了一辆美团单车。他拿出手机，扫完二维码就可以开锁骑车了，骑到地铁口差不多 10 分钟，费用是 1.5 元。他觉得这 1.5 元花得非常值，以前他走路过去，差不多要 20 分钟，现在他早上可以再多睡 10 分钟，不用那么着急出门。一早上紧张忙碌地工作，转眼到了中午，小李忙得几乎错过了饭点。为了节省时间，他决定叫外卖。他打开手机上的美团外卖 App，选了一家配送时间最短的餐厅。半个小时之后，他就吃上了美味可口的米饭、炒菜。周五的晚上当然不能浪费，他约了两个高中同学吃饭。他们三个人在一起通常都会选择四川菜,来北京快十年了,他们还是最喜欢家乡的味道。他打开大众点评 App,浏览了一下附近的几家四川菜馆,挑选了一家口味排名高又离地铁近的川菜馆,订了位子吃饭。晚饭过后,他在猫眼 App 上买了三张打折电影票,一场精彩的电影可以让他们放松一周紧张工作的心情。电影过后,他们还在点评上找了一家评价很好的酒吧去玩。多么美好的一天!

订外卖,查看四川菜馆的评价、订位,买电影票,以及查找附近的酒吧……这一切都在小李的指尖实现,事实上,他只需要一个 App——美团点评就可以实现全部功能。美团自行车、美团外卖、大众点评和猫眼都属于这同一家公司。

2018 年 9 月 20 日,9 点 30 分。王兴,美团的创始人,抡起鼓槌,用尽全力敲响了港交所最大的铜锣。美团点评正式挂牌上市,IPO 定价为 69 港元,开盘报价 72.9 港元,市值约 510 亿美元,超越小米(480 亿美元)和京东(380 亿美元),[133] 成为中国继 BAT 之后第四大互联网公司。[134] 据说,早在 2015 年,王兴就提出了一个目标:要把美团打造成一家超过 1000 亿美元市值的公司。拥有 14 亿多人口的中国,是潜力巨大的生活服务市场,而美团的目光投向了满足这个需求。

王兴:天生的创业者

美团上市之时,已经成立 8 年,而彼时,王兴已创业 15 年。他发现了许多商业机会,用亲身经历证明了自己是个出色的商人。

王兴喜欢读书,一直是学霸,没参加高考就被保送到清华。清华毕业之后,王兴拿到美国特拉华大学的奖学金读电子与计算机工程。

2003 年,王兴 25 岁了,远在美国的他看到了中国互联网的大好前景，毅然决定辍学回国创业。虽然人们都知道，在美国，乔布斯、比尔·盖茨和扎克伯格都曾经辍学创业，但是考虑到中国人对学历和高等教育的重视，王兴的行为不可说不大胆。王兴先后尝试了差不多十个项目。比较出名的有 2005 年上线的校内网，是一款类似于 Facebook 的校园社交网络软件（SNS）。校内网用 3 个月拿下 3 万用户，最初的用户来自清华、北大和人大这些顶尖名校，是一代人的青春记忆。2006 年用户急剧增加，但是王兴没钱增加服务器和宽带，他没和家里要钱，也拿不到融资，只好把校内网 200 万美元卖了。[135] 校内网后来改名为人人网，2011 年 5 月人人网在美国上市，市值一度超过 70 亿美元。[136]

王兴在 2007 年继续创业成立了另一家公司——饭否。饭否可以说是中国的 Twitter。饭否在 2008～2009 年非常流行，吸引了许多前沿网民和程序员入驻，那个时候还没有微博，饭否的用户数量很快突破了 100 万。[137] 然而，2009 年，中国的互联网内容监管日趋严厉，饭否所有服务器遭受关闭。[138] 在饭否关停期间，当时的中国互联网巨头，新浪、网易等先后推出了微博，饭否只能眼睁睁错失良机。

团购大战：杀出来的美团

2010 年，已经是王兴创业的第七个年头。他的创业经历沉沉浮浮，但是王兴从未放弃。这一次，他创立了美团。美团的业务模式类似于美国电子商务团购网站 Groupon，提供折扣给团购用户。团购网站主要的盈利模式是佣金，团购网站和商家之间分成，团购网站的分成比例从 10% 到 50% 不等。

在美团成立之前，拉手网就已经成立了，同一年还有许多其他类似的公司如雨后春笋般冒出来，窝窝团、糯米，还有高朋、满座等。到 2011

年8月，全中国共有5800多家团购网站，[139] 这也是那个时候中国的创业者们看到进入门槛较低的新市场时，就会一拥而入的特点。一时间，大量资本进入团购领域，不过大多数团购公司都在烧钱吸引客户。

2010年底，美团获得了A轮融资，是来自红杉资本的1200万美元。[140] 然而，和其他竞争对手获得的融资相比，美团的融资并不算多。从2010年到2011年4月，拉手网一共获得了三轮融资，拿到1.6亿美元；[141] 2011年4月，大众点评宣布完成C轮融资，1亿美元。[142] 美团在2011年7月才拿到了B轮融资，由阿里巴巴领投的5000万美元。[143]

为了在激烈的竞争中跑得更快，许多公司花上亿的资金在广告上。糯米宣布广告预算是人民币2亿元，大众点评也宣布2011年全年要在各个平台投放3亿～4亿元的广告。[144]

面对扑面而来广告冲击，美团却采取了更谨慎的策略。首先，它对消费者（C端）和商家（B端）采用了不同的促销策略。对于消费者端，美团主要采购线上广告，坚决不打线下广告；对于商家端，美团建立了一支强大而有执行力的地推团队。其次，美团在其IT系统上进行了大量投资，界面和功能对于消费者和商家来说都非常方便友好。此外，美团避开了竞争激烈的北上广深这样的超一线城市，主打其他团购公司没有重视的省会以及二线城市。尽管大多数中国的创业者都善于迅速采取行动，边做边学，但王兴的突出特征是深度思考。当其他竞争对手都把钱花到吸引流量上时，他却没有随大流，而是采取了不同的方法。

到了2011年下半年，情形发生了变化，当时的团购市场老大拉手网赴美上市失败。资本市场开始质疑团购这种烧钱的盈利模式到底具不具有可持续性，对继续投资保持谨慎。此时很多团购公司都缺钱，有不少是因为在广告上的过度投入。到2014年上半年，仅有176家团购网站存活，失败率达到了 96.5%。[145]

在疯狂的广告大战中理性且谨慎发展的美团，账上资金反而是最充足的。2014 年 5 月，美团获得 3 亿美元的 C 轮融资，作为千团大战的胜利者之一幸存了下来。[146] 2014 年，美团全年交易额突破了 460 亿元，团购业务覆盖全国超过 100 个城市，市场份额超过了 60%。[147]

大众点评和其他团购公司有所不同。大众点评 2003 年就在上海成立了，当时的主要业务是为餐馆点评，收入来自关键字搜索，2010 年就已经是中国餐馆评论的第一大网站。后来团购兴起时，大众点评也拓展了团购业务，与许多团购公司竞争。凭借多年来积累的商户和消费者资源的优势，大众点评也是千团大战中的幸存者之一。2014 年，腾讯以 4 亿美元的价格收购了大众点评 20% 的股份。[148]

2015 年 10 月，美团和大众点评合并，两家公司合起来的市场份额达到了惊人的 81%。[149] 千团大战宣告结束。王兴成为新公司——美团点评的 CEO。2015 年 11 月，腾讯向新合并的美团点评投资了 10 亿美元。[150] 尽管阿里巴巴在 2011 年就投资了美团，但后来失去了对美团的控制权。阿里巴巴显然不会甘心，我们后面再讲。

王兴后来用《孙子兵法》中的一句话评论了美团在千团大战中的成功："不可胜在己，可胜在敌"。他进一步解释说："不是我们打倒了对手，是他们自己绊倒的。"[151]

外卖：与饿了么的竞争

2008 年，当王兴还在运营饭否时，上海交通大学毕业的张旭豪，成立了饿了么。张旭豪自己喜欢打游戏，但是发现在打游戏的过程中，经常饿的时候叫不到外卖。他敏锐地发现这是一个商机。作为中国顶尖大学的研究生，他可以很容易地在世界 500 强企业找到一份体面的工作，但是张旭豪决定做外卖生意，成立了饿了么。

美团，虽然在团购大战中胜出，但是团购的盈利模式一直不清晰。拉手网上市失败也让王兴意识到团购模式的天花板。

美团对饿了么进行了深入的研究，认为外卖市场大有可为。美团大胆地预测外卖的日单量应该能超过 1000 万。[152] 就这样，在 2013 年下半年，美团启动了外卖业务。而且一次性就进入了 30 个城市。其中，18 个是饿了么的空白市场。[153]

2014 年 5 月，百度也推出了外卖业务——百度外卖。百度瞄准了大城市里高端的白领客户。一时间，美团、饿了么、百度外卖成三足鼎立之势。然而，后来者美团的市场份额不断上升，饿了么坐不住了。2017 年 8 月，饿了么官方宣布收购百度外卖（2018 年 10 月，百度外卖更名为"饿了么星选"）。[154] 三足鼎立正式过渡到双雄争霸。根据第三方互联网大数据监测机构 Trustdata 发布的《2018 年上半年中国移动互联网行业发展分析报告》，2018 年上半年，美团外卖、饿了么和百度外卖按交易额的市场份额分别为 59%、36% 和 3%。[155] 显而易见，美团不但是领头羊，甚至远远超过饿了么与百度外卖之和。

美团，作为一个后来者，是如何在饿了么的主场打败了饿了么？最开始美团的策略很简单，因为饿了么更加成熟，所以饿了么怎么做美团也怎么做。但是后来美团发现这样下去根本没法赶超饿了么，竞争格局不会有本质的变化。再一次，美团决定兵行险招、剑走偏锋。2014 年暑假，美团招了 1000 个人，集中培训一个月，派到了 100 个新城市开拓市场。[156] 而饿了么仍旧还是在那几个城市运营。于是美团领先了。而百度外卖，外卖战场上的第三大玩家，似乎缺乏清晰的战略。尤其是随着百度战略转型为人工智能公司，外卖便已不是百度的重点，最终百度把外卖业务卖给饿了么，也是意料之中的事。

2018年2月，阿里巴巴集团联合蚂蚁金服，以95亿美元对饿了么完成全资收购。[157] 2018年10月，阿里巴巴宣布，正式成立本地生活服务公司，由饿了么和口碑两大业务合并组成。口碑成立于2004年，与大众点评的业务模式类似，但是发展速度一直赶不上大众点评。阿里巴巴2006年投资了口碑。2015年阿里巴巴和蚂蚁金服共同投资口碑，金额达到60亿元人民币，意在把口碑打造成本地生活服务平台。[158]

此时，新的竞争是"美团+大众点评"vs."饿了么+口碑"。这已经不只是美团和饿了么的战争，它们身后是腾讯和阿里巴巴。

美团和饿了么的竞争可谓方方面面，推陈出新。"头盔之战"是最生动、最引人注目的竞争之一。最开始，美团为快递小哥准备了袋鼠耳朵的头盔。饿了么的骑手则针锋相对，戴起了竹蜻蜓头盔。美团小哥也不甘示弱，随后戴上了可爱的黄色小鸭子头盔，而饿了么骑手则选择了蓝色的二次元设计的头盔。后来，美团和饿了么的骑手都戴上了美猴王的头盔……战斗进行了很多个回合，快递小哥甚至穿起了斗篷，在头盔上做起了广告。头盔之战不但给中国城市的街头巷尾带来了许多色彩和乐趣，还为美团和饿了么吸引了大量的眼球，可谓双赢之战。

OTA：与携程的竞争

探索外卖业务的同时，美团也开始在在线旅游预订平台上布局。早在2012年，王兴就强调美团做的是"本地电子商务"，吃喝玩乐全都要有。[159] 同年，美团推出了猫眼，一项在线预订电影票的服务。2013年美团进入外卖的同时也发力酒旅。那个时候，美团距离成为生活服务的超级平台还有很大距离，但这丝毫不能阻挡王兴实现他的抱负。

2013年，美团进入OTA领域时，业内已有好几家上市公司。中国的OTA行业也经历了一场硝烟弥漫的价格战争。1999年5月，携程成立于上海。携程的发展势头如此迅猛，四年之后，2003年12月就在美国纳斯达克上市，成为中国第一家上市的OTA公司，市值超过5亿美元。[160]到2007年时，携程已雄霸中国OTA市场56%的份额，排名第二的是艺龙，份额为18%。[161] 2010年，随着移动互联网兴起，艺龙和去哪儿有了弯道超车的机会。去哪儿是一家在线机票搜索和比价平台，艺龙则专注在酒店在线预订。携程市场份额一步步被去哪儿和艺龙蚕食，2011年，携程的份额跌至41%。[162]为了应对挑战，夺回市场，携程与艺龙、去哪开启了长达几年的价格战。在价格战的过程中，几家都花费了上亿元的促销补贴，给整个OTA行业带来巨大的亏损，企业们不堪重负。终于在2015年5月，携程宣布联手铂涛集团和腾讯，收购艺龙大股东Expedia所持有的艺龙股权。此次并购之后，携程持有艺龙37.6%的股权，成为艺龙最大股东，占据了酒店领域89%的市场份额。[163] 2015年10月，携程与百度进行股权置换，获得了去哪儿45%的股份，将去哪儿也纳入了携程系的版图。一时，携程似乎坐稳了中国OTA行业老大的位置。

2013年美团杀入OTA时，似乎天时不错。那时携程还没有一统天下，和艺龙、去哪儿价格战正酣，根本无暇顾及不知道从哪冒出来的美团。况且携程的定位是高星酒店，而美团瞄准的是中低端市场，看上去没有直接竞争。然而，交叉市场销售在美团起了作用：人们本来在美团上订外卖，看到有酒店预订的链接，就也试了试美团的酒店预订服务。美团酒店预订的用户80%都是从"吃"的用户转化过来的。[164] Trustdata

发布的《2018 年 Q2 中国在线酒店预订行业发展分析报告》显示，2018年第二季度，按间夜量计算的国内酒店预订，美团占 46.2% 的市场份额，位居行业第一，甚至超过了携程、去哪儿、艺龙三家之和。[165] 当然因为高星级酒店的毛利更高，所以从收入上来讲，美团还是逊于携程。

出行：与滴滴的竞争

2017 年 2 月 14 日，情人节，美团打车在南京悄然上线。很快，美团相继获得南京和上海的网约车资质。作为回应，中国网约车市场的老大滴滴在 4 月 1 日愚人节启动了外卖业务。然而想要在打车市场站稳脚跟意味着必然要做的就是烧钱补贴，这使得美团的亏损持续加剧。2018年，美团在招股说明书中明确表示"我们预期不会进一步拓展此项（网约车）服务"。[166] 2019 年，美团打车 App 悄然下线。而滴滴的外卖业务似乎也进展不顺，2019 年初，滴滴裁撤了外卖业务部。

然而美团并没有放弃出行。2019 年美团 App 与首汽约车、曹操出行、神州专车等出行服务商接轨，用户可以在美团上一键呼叫不同平台的车辆。2018 年 4 月，美团以 27 亿美元作价收购共享单车摩拜，包括 65% 的现金和 35% 的美团股票。[167] 2019 年，摩拜单车接入美团 App，更名为美团单车。2019 年，新的美团单车替换了旧的摩拜单车。新美团单车的颜色为美团黄，新的单车使用期限更长，美团同时还上涨了用户的骑行费用。美团对共享单车的变革卓有成效，2019 年，共享单车业务的毛利率增加了，这主要归功于运营效率的提高和价格的上涨。[168] 尽管共享单车整体业务还是继续亏损，但赤字有所缩小。

配送网络：承包你的生活

为了支撑日益增长的外卖业务，美团建立起庞大的配送网络，包括数十万的配送骑手。拥有了如此强大的配送网络，美团当然不满足于只送外卖。

2018年7月，美团宣布推出新品牌美团闪购，在全国2500个市县上线。美团闪购旨在利用美团外卖的配送体系，为零售商家做配送服务，例如超市、便利店、生鲜果蔬店、鲜花绿植店等。

2019年初，美团又推出了美团买菜。在美团买菜上，消费者可以在线订购新鲜蔬菜、水果、肉禽蛋、米面粮油、水产海鲜等一日三餐所需食材。因为老百姓买菜对实效性的要求高，美团买菜就在人口密度比较高的社区设立便民服务站，集仓储、分拣、配送功能于一体，称为前置仓。一个前置仓服务的范围为周边两公里内的社区居民。服务范围内的社区居民手机下单后，美团骑手30分钟内送菜到家。到2019年底，美团在北京有40个前置仓，上海15个，武汉3个。[169]

2019年5月，美团又正式推出新品牌美团配送。这是一个世界领先的配送交付平台，将美团的配送服务扩展到更多的行业和更多的客户。美团配送的技术平台、配送网络和价值链向生态系统合作伙伴全面开放。

- ◆ **技术平台**：美团的"超脑"，也就是即时配送系统，实现全系统派单。

- ◆ **配送网络**：美团配送在全国有近万家配送站点、前置仓，到2019年5月，每天平均活跃的美团外卖小哥数量超过60万，每天配送超过 3000 万订单，订单下单后平均 30 分钟内配送到消费者。[170]

◆ **价值链**：全国，美团上游有 360 多万商家，下游有 4 亿多用户。[171]

配送网络是人们能够看得见摸得着的，但是在如此庞大配送网络的背后，保证每天几千万单的配送任务，是人们看不见的美团大数据和人工智能技术打造的"美团超脑"即时配送系统。美团的派单系统在高峰期每小时可以执行 29 亿次路径规划算法，平均每 0.55 毫秒计算一次优化的派送路线。[172] 在各个城市，"美团超脑"根据订单密度和餐厅分布来规划最合适的路线和骑手人数。同时，系统能够根据实时的，骑手所在的位置、餐厅和用户的位置进行筛选匹配，分配订单，确定分配的订单处于骑手的送餐范围内。不仅如此，系统还会考虑骑手还接到了另外 4 个订单的情况，系统进一步结合这 5 个订单对应的全部餐厅和用户的位置、商家备餐速度、相应街道的交通状况、规划出用时最短的路线。比如，如果一个小区有好几个门，系统会知道骑手从哪个门进最近最快，一栋楼是否有电梯，骑手是爬楼梯更快还是等电梯更快等。系统还能够自动发现配送延误的风险，并重新派单。美团还开发了智能语音耳机，这样骑手不需要用手就可以接单。

2020 年，新冠肺炎疫情突如其来。美团的无人配送车开始在北京顺义配送运营，为居民配送新鲜的果蔬食品。居民在美团买菜下单后，智能的无人车就会在美团买菜站点取货，自动行驶到消费者所在地，消费者打开餐箱取出自己订购的货物，无人车返回。整个过程当中没有人与人的接触。

未来，美团的外卖小哥和无人配送车可能会承包人们的日常生活的全部配送，从一日三餐到生活用品。

产业链效率提升：未来互联网发展的驱动力

作为一家本地生活服务平台，美团一边连接着数亿消费者，另一边连接着数百万的商户。除了服务好消费者，服务商家也同等重要。王兴曾提出互联网下半场理论，认为未来互联网行业发展的驱动力，将从用户（消费者端）增长，转变为产业链（商户端）效率的提升。[173]

其实通过大众点评、美团外卖，美团已经帮餐厅完成了线上的营销。2015年底，美团开始拓展其他类型的商户服务。美团为商户提供的服务主要包括三大块：RMS 餐厅管理系统——提升商户数字化管理和效率，快驴进货——帮助商户提升供应链效率，以及美团小贷——解决商户经常面临的经营现金流问题。

美团于 2016 年上线快驴进货，发展得很快。快驴进货主要为商户提供米面粮油、酒水饮料、肉禽菜蛋等的采购和配送服务。快驴进货覆盖了全国 22 个省、45 个城市，北上广深等一线城市基本全部覆盖。公开数据显示，到 2019 年，快驴进货的全年活跃商家已经有约 45 万。[174]

2019 年，美团成立了美团学院，满足中小企业所有者学习知识的需求。覆盖食品、住宿和美容等行业。美团学院提供了上千个有关如何开展业务的在线视频课程，并提供实用的技巧。这些视频课程的内容涵盖了从营销到运营的各种主题，并使用真实案例，在短短一年内就获得了超过 1200 万次观看。[175]

向店主和商户提供各种 B2B 服务的策略，对美团来说可谓是一石二鸟之策：不但提高了商户的忠诚度，使竞争对手很难挖走这些商户，此外通过帮助这些商户更好地管理业务，帮助他们增加利润，这当然也会为美团带来利润。

生活服务一站式：电商平台

现在，美团提供外卖、打车、订酒店、订电影票、餐厅评论、餐厅订位以及其他的生活服务（见图 5-1）。在 2018 年美团的招股说明书上，美团说自己是中国领先的"生活服务电子商务平台，用科技连接消费者和商家"。美团使命是帮大家"eat better, live better"。

图 5-1　美团：生活服务电商平台

2019 年，对美团来说无疑是值得纪念的一年。这一年，美团盈利了。2019 年美团全年盈利 29 亿元，而 2018 年这个数字是 -111 亿元。[176] 而这一逆转的主要原因之一是新业务的毛利从 -38% 扭正到了 11.5%。[177] 2018 年美团收购摩拜单车亏损了 45.5 亿元，是 2018 年美团亏损的重要来源。[178]

美团把业务划分为三部分：餐饮外卖，到店、酒店及旅游，新业务及其他。三块业务的表现如表 5-1 所示。

表 5-1　美团 2019 年财务表现

	餐饮外卖		到店、酒店及旅游		新业务及其他	
收入（百万元/%）	54 843	56.2%	22 275	22.8%	20 409	21%
收入增长（2018 年）	43.8%		40.6%		81.5%	
毛利	18.7%		88.6%		11.5%	

资料来源：美团点评 2019 年报。

根据移动互联网大数据平台 Trustdata 数据显示，2019 年第三季度，美团外卖的市场占有率已经达到 65.8%，成为该领域绝对的头号玩家。[179] 它拥有世界上最大、最高效的即时配送网络。[180]

第二块业务，到店、酒店及旅游。2019 年全年，美团酒店预定间夜量超过携程、去哪儿和艺龙之和。[181] 酒旅业务的毛利率超高，是美团当之无愧的现金牛。

而新业务是美团增长最快的板块。活跃商家数量从 2015 年的 200 万家，增长至 2019 年的 620 万家。[182]

如今，不仅在中国，在国际上也很难找到一家像美团点评一样提供如此广泛生活服务的公司。美团服务既包括像团购网站 Groupon 的团购优惠券服务、餐厅点评网站 Yelp 的点评服务、Grubhub 的外卖服务，也有与旅游网站 Kayak 相似的在线旅游预订服务，还有与 Uber 一样的在线打车业务。新加坡的 Grab 与美团非常接近，它同时提供在线打车、送餐和支付的服务，但范围没有美团那么广。

是什么促成了美团的成功？有一些原因是和中国国情有关的。首先是大城市的人口密度。即使是中国的一个小城市，平均也有 80 万至 120 万居民。中国有 200 多个人口超过 100 万的城市，而美国只有十个人口超过 100 万的城市。[183] 第二个原因是人工成本。配送骑手每次送货能赚差不多 5 元钱；67% 的骑手每月收入低于 5 000 元，而 86% 的骑手年龄在

20~40岁。[184]在西方国家配送成本要高得多。Grab 有可能在未来能够复制美团模式，因为它在东南亚，那里的人口情况和运输成本与中国类似。

美团在其 IPO 招股书里曾这样说道："我们是全球服务业电子商务模式的创新先锋。"[185]以美团为代表的中国新一代互联网公司，正在超越它们曾经对标的公司。

（1）**高频业务**。生活服务是高频交易的业务。人们每天都需要食物，而购买洗发水或衣服的频率就要低很多。美团比阿里巴巴有更多的消费者互动。因此，当美团拿了腾讯的投资与腾讯结成联盟，阿里巴巴不得不斥 95 亿美元巨资收购饿了么。让我们看看阿里巴巴这次收购背后的想法。阿里巴巴需要参与高频的生活服务电商，而饿了么即使不是唯一的选择，也是剩下的为数不多的选择之一。我们可以用另一种方式看待这 95 亿美元，为了挽回因未能获得美团而失去的面子。美团能够以迟到者的身份进入 OTA 领域，即使当时的市场竞争已经可以用惨烈来形容，并且带着必胜的心（是因为美团知道其可以利用其高频业务的用户群来发展 OTA 业务）。看起来似乎从高频切换到低频更容易，但也许相反也可以，携程用户也可以在携程的平台上订购食物？美团以高昂的价格收购摩拜，即便当时美团自身也在亏损。但现在美团能够提供共享单车业务了，城市白领每天打开美团 App 的次数更多了，租用共享单车和订外卖都是高频服务。因此从战略上讲，收购摩拜确实有道理。但在财务上又如何呢？

（2）**超级平台的优势**。美团已成为消费者吃喝玩乐的一站式平台（见图 5-2）。一方面通过产品服务的多样性提升用户的留存率和黏性，另一方面通过交叉销售降低用户获得成本。用过美团团购的人看到美团还有外卖，就可能订个外卖，或者用过美团外卖的人看到美团还有酒店预订，可能就会订酒店,这种获客成本是极低的。这种内部流量的相互转化才是美团成功的关键因素。2018年80%通过美团预订酒店的用户,是从"吃"的用户转化过来的。2019年,每位交易用户平均每年交易笔数达27.4,比2018年23.8增长15.4%。[186]营销费用在收入中所占的比例逐年下降,从2015年的177.7%下降到2018年的22.9%,以及2019年为19%。[187]如今,随着互联网流量红利继续减少,美团超级平台的规模效应以及自带流量、交叉销售的优势凸显了其价值。

图 5-2　超级平台

（3）即使后来者也有机会。美团做的几乎每一个业务，都不是第一个。最初进入团购时，市场的老大是拉手网；进入外卖的时候，已经有饿了么这个劲敌，进入酒旅时，携程、去哪儿已经非常强大，但是美团每一次都能后来居上。而且，每次美团超越的方式都不一样。"网络效应"是互联网时代一个重要的逻辑，也就是赢者通吃。然而美团似乎推翻了这个逻辑。不仅美团，在中国，有为数不少的案例是后来者抓住机会超越。然而，要抓住后来者优势，必须满足三个条件。第一个就是后来者必须做到差异化。团购大战时，美团没有盲目跟风烧钱打广告战，而是对商家采取了有力的线下地推团队策略，并且避开竞争激烈的一线城市，主打二线城市；进入外卖时，美团抢先进入饿了么没有进入的空白的市场；进入OTA时，也避开了携程主打的高星级酒店，从低端酒店切入。美团非常善于差异化定位，避免正面交锋，打侧翼战，从对手忽视、空白的领域切入，站稳脚跟，再进一步蚕食对手的市场。第二个条件是后来者要有足够的现金流。当其他人都弹尽粮绝的时候，美团依然有钱，在这方面，腾讯功不可没。第三个条件是后来者要有流量或者客户基础。没有这三个条件，后来者想要赶超的机会微乎其微。

如今，虽然大多数中国人都用微博，但仍有少数人在使用饭否。王兴就是其中之一。他在饭否上发表关于音乐、小说、体育、历史和个人发展的想法和思考。梁宁曾评论王兴说："王兴什么最强？思考能力最强。王兴最爱干什么？思考。"[188] 王兴把大量时间花在阅读和思考上，他的思维也很活跃。他曾提出有趣的想法：

> 假如有一天要开银河系大会，我作为地球唯一的代表去参加，那我应该跟外星人说些什么呢？我要如何介绍地球和人类文

明呢？从这里推导一下，自己应该体验哪些东西。

我想告诉他们，这个星球上存在过什么东西，发生过什么事情。包括最壮丽的自然风光、最繁华的人文景观、最好的音乐、最好的文学（不管是什么语言）、最好的建筑、最好的美食，人类这些核心的理念。

这也反映了王兴如何看待世界上最基本的关系。

本章总结

对高管提出的问题：

1. 对于关键产品，客户在消费过程中的关键事件你有多了解？典型的痛点是什么？

2. 你如何知道需要满足哪些需求，以及如何满足这些需求？你可以采用哪种方法或机制来满足这些值得解决的需求？

3. 你提供什么样的数字化服务？如何理解与客户的接触点和互动？

4. 你是否会在功能或生活服务过程中锚定自己的数字化服务（例如App）？

5. 你的业务是否从高频零售业务中受益？

6. 你对所在行业的平台有什么了解，你是否可以与它们合作？

7. 在你所在的地区和行业中，你能够向哪些平台或数字化服务学习和对标？

CHAPTER 6

|第 6 章|

生鲜食品：线上线下的融合

随着电子商务的出现，淘宝、京东以及其他的电商平台把各种各样的商品销售从线下搬到了线上。而美团也把各种各样的生活服务搬到了线上。如今，人们的衣食住行、吃喝玩乐似乎都可以在线完成，极大地便利和丰富了生活。但是有一样东西，和人们的日常生活息息相关，在电子商务上的渗透率却一直很低——生鲜。

蔬菜、水果、肉蛋禽和海鲜等生鲜对人们来说是生活当中必不可少的。人们可以一个星期不点外卖，一个月不买衣服，一年不出门旅行，却不能一日没有生鲜。

在中国，人们购买生鲜通常有两个地方：一个是小区周边的菜市场，有大有小，是老年人的最爱。虽然环境脏乱差，但是食材非常新鲜，卖菜的人每天起早贪黑，就是为了采购最新鲜的蔬菜和最好的鱼、肉。但是在很多寸土寸金的一二线城市，菜市场被不断地清理整顿，已经越来越少了。

人们购买生鲜的另一个地方是小区附近的超市。大超市生鲜品种多，但通常都距离小区有些远，距离小区近的便利店生鲜品种又比较少。而中国人对新鲜的鱼和肉又似乎有一种情结。电子商务的发展能否给人们提供新的方式来采购生鲜产品呢？

盒马：线上融合线下

下午六点半，家住上海浦东的王女士刚刚坐上下班回家的地铁。一上地铁，她就开始想着晚上回家应该吃些什么？她心里有两个选择。

第一个是下了地铁后到家附近的盒马鲜生买点菜，然后回家做饭。虽然盒马鲜生就在下班回家的路上，但是进出超市、挑东西、结账至少也要十几二十分钟。通常她是很享受在店里购买的体验的，但是今天太热了，而且工作一天她也累了。

她还有第二个选择：王女士拿出手机，打开盒马 App，进入常去的那家盒马鲜生店，花两三分钟选了几样菜，还有活虾，付款下单。王女士继续她回家的旅程，而同时，盒马鲜生店里的员工开始分拣商品、打包、安排配送。半个小时后，王女士回到了家，她在盒马 App 上买的菜也送到了。王女士每周会在盒马 App 下单 2～3 次，主要购买水果、蔬菜、海鲜或肉食，每次花费 100～200 元不等。

如果说淘宝、京东、美团在成立之初，都还是在复制美国的商业模式。阿里巴巴旗下的盒马鲜生从一出生就是独创的新物种。第一家盒马鲜生实体店于 2016 年 1 月在上海金桥国际商业广场开业，这是一个高收入人口密集的优质地段。2017 年盒马开始加速扩张，到 2020 年 5 月，已经在 20 个城市拥有近 200 家门店，并计划在 2022 年之前开设 2000

家门店。[189] 自成立以来，盒马鲜生一直是生鲜零售领域的领导者，备受关注（见图6-1）。

图6-1　盒马鲜生店

让我们来看看盒马鲜生店有什么特别之处。

◆ **位置**：直到目前，位置依然是最重要的因素。位置！位置！位置！在传统的实体店零售时代，这是亘古不变的法则。虽然盒马是创新的模式，但是因为仍然有传统的实体店，选址策略也非常重要。盒马的门店主要位于一二线城市，通常选址在大型社区周边的购物中心。附近楼盘价格偏高，有一定人口密度，居民消费水平偏中上。

◆ **实体店**：盒马的线下店面积通常有5000平方米左右，集"生鲜超市、餐饮体验、线上业务仓储"三大功能于一身。盒马店设计得很像精品超市。居住在实体店附近三公里以内的居民都可以在线下单，盒马送货到家，通常能够30分钟完成配送。和传统市场或者超市不同的是，盒马的实体店同时也是仓储和配送中心。除了陈列商品的购物区域之外，还有相当面积的后仓物流区。很多线上高频购买的商品也会陈列在后仓，方便快速拣货、包装、安排配送。店里还有冷藏库、冰库等冷链，保证食品的新鲜。此外，盒马的店还有餐饮区。大多数盒马店约有15%～50%的空间用于餐饮。餐饮区的摊位由第三方经营，盒马不仅向他们收取租金，还收取其收入的20%作为佣金。餐饮区除了产生良好的现金流量外，还有助于吸引和留住顾客。盒马向餐饮商户收取租金和佣金模式，与母公司阿里巴巴类似，阿里巴巴也是在其在线平台上向商户收取租金和佣金，一个线上一个线下而已。

◆ **产品**：除了日用品之外，盒马店主打海鲜。帝王蟹、澳洲龙虾、鲍鱼、三文鱼等海鲜放在显眼位置。生鲜商品全部都是包装后销售，所以卖场没有称重台，购物过程更快捷。盒马鲜生的高端商品价格比较有竞争力，比如400g左右的鲜活波士顿龙虾，盒马鲜生价格是89元一只，京东商城冷冻的价格也要100多元一只。[190] 2018年，盒马开始与本地和国际品牌共同推出新产品。与新希望乳业推出了"黄金24小时"鲜奶，并与恒天然推出了"日日鲜"奶。到2019年10月，盒马的自有品牌占到销售收入的10%。与传统零售商相比，这个比例是很高的，传统零售商通常低于5%。[191] 盒马将自己的品牌称为"盒品牌"，目标是在2021年将"盒品牌"收入比例提高到50%。[192] 为了促进"盒品牌"，盒马在2019年开设了自己的农业基地——盒马村，以生产农产品。第一个盒马村在四川。2020年5月，盒马在上海建立了第一个盒马村，生产翠冠梨。这个盒马村是一个"数字农业基地"，配备了一系列高科技解决方案，包括物联网系统、溯源系统、无人机、远程监控机器人、集成的灌溉和施肥系统以及数字传感器。到2020年9月，中国共有 117 个盒马村。[193] 甚至在非洲的卢旺达也有了一个盒马村，盒马在那里种植辣椒。[194]

◆ **仓储**：盒马最大的特点之一是快速配送。门店周边 3 公里范围内，30 分钟送达。顾客也可以根据情况指定具体送货时间。例如下午 3 点下单，预约 6:00～6:30 之间送达。30 分钟的时间，要从成千上万种商品当中把货物拣出来，打包，配送到家，需要节省流程当中每一分每一秒的时间。盒马店中最引人注目的设备之一是天花板上的传送带。客户在线下订单后，店内工作人员将订购的物品打包在一个袋子中，然后将其挂到传送带上。传送带将袋子送到物流区。整个过程不到五分钟。别小看这个传送带，它对于 30 分钟内的配送保证至关重要。一些高频商品直接存储在后仓，这也有助于加快分拣和包装过程。

◆ **信息和支付**：盒马店里商品上的价格标签是电子显示屏，这样盒马轻松调整价格并确保线上和线下随时统一定价。而且，客户可以扫描价格标签上的条形码，获取产品的详细信息（例如产地溯源），还可以查看其他客户的评论。付款时，客户必须使用盒马 App。每家店都提供免费 Wi-Fi，指定的工作人员可以帮助客户下载和使用盒马 App。当然不是所有的客户都喜欢使用盒马 App 支付，这样做可能导致一些客户流失。但对于盒马而言，这样做的意义不仅是为了减少结账时间，还使它能够收集有价值的客户信息，将用户从线下向线上导流。

盒马的价值主张有三点：

（1）优质的生鲜，尤其是海鲜，价格具有竞争力，顾客可以选择加工后在店内用餐或带回家。

（2）完全集成的以智能手机为中心的体验，用户可通过产品标签上的二维码获得产品信息，通过支付宝结账付款。

（3）在实体店三公里半径内，客户可以选择在线下单免费送货到家。

这个概念看起来很棒，而且听起来也很吸引人。但是其财务表现如何呢？在2018年9月阿里巴巴全球投资者日，阿里巴巴集团副总裁兼盒马CEO侯毅披露了一些运营数据：线上销售额占总销售额的60%以上，单店平均日销售额超过80万元；开业一年半以上的盒马店的单店坪效（营业额／商店面积）超过5万元（传统超市这一数字为1.5万元）。[195]

千姿百态的生鲜电商

生鲜和其他的商品到底有什么不一样？为什么各种服装、电器、电脑、手机、日化、玩具、母婴，甚至餐馆外卖的线上零售都已经发展得如火如荼，而生鲜的线上渗透率却一直很低？我们发现有几个重要原因。一个最显而易见的因素就是，生鲜保质期短，通常只有几天。相比而言，衣服等商品储存几个月甚至几年都没事。在此之上，生鲜产品的物流链条又太长，从源头的采购，到运输，到仓储，到配送，整个过程中会产生很多损耗。而冷链物流的成本很高，尤其是像蔬菜这类高频、低价、保质期短的商品，冷链运输的物流成本很难覆盖。此外，生鲜产品和衣服、可乐、薯片不同，生鲜不是标准品。不仅不同产地的生鲜品质不同，即使是同一产地的商品，不同农户种植，采摘的时间不同，日照的角度不同，品质也非常不一样。因此消费者在购买的时候，如果不亲眼看一看，亲手摸一摸，还是觉得不够放心。

那么生鲜到底是个什么样的市场？服装起家的淘宝，2018年市场规模2万亿人民币。[196] 3C产品起家的京东，2016年市场规模2万亿元人民币。[197] 而2018年，中国生鲜的市场规模是5万亿人民币。[198] 生鲜不仅市场规模巨大，还是经济学家所称的刚需产品（也就是说当商品的价格变化时，需求量变化不大）。生鲜还是高频产品，仅仅是高频一个原因，生鲜市场就足够有吸引力。国内想把生鲜搬上网的玩家众多，盒马甚至不是最早的。

中国最早的生鲜电商易果生鲜成立于2005年，后来成立的还有天天果园等。[199] 相对于蔬菜和海鲜，水果的保质期相对长一些，也相对易储存和运输，最初的生鲜电商大都从水果切入，并且是纯线上的业务。模式通常是一个大仓库（比盒马的店内仓库大很多）覆盖一大片区域。用户下单后，水果就会从仓库发出，1~2天送达。因为生鲜的配送需要冷链物流，而早期的第三方快递公司几乎没有这项服务。所以生鲜电商都自建冷链体系与物流团队。虽然自建冷链物流投资巨大，但是有可能提升客户服务体验并且打造进入壁垒。直到2014年生鲜电商的配送成本一单还高达40~50元。[200] 如此高昂的物流成本，生鲜电商的产品自然也不能便宜。电商公司只能以有机种植或者进口水果等高客单价、高毛利的产品为主。即使如此，大多数垂直类的生鲜电商还是亏损严重。

从2013年开始，大的综合型电商平台也开始进入生鲜领域。天猫推出天猫生鲜，京东推出了京东生鲜。也是从2013年开始，阿里巴巴对易果生鲜进行了四轮投资，包括2017年投资3亿美元。[201] 阿里巴巴投资易果生鲜，主要是看中了易果生鲜的子公司安鲜达的冷链仓储和配送的物流能力，希望利用安鲜达为天猫超市生鲜品类提供服务。而京东则在2015年投资了天天果园。

然而，1~2天的配送速度，还是不能满足人们对于生鲜产品时效性的需求，尤其是蔬菜和海鲜。人们在购买生鲜产品时通常都没有计划性，却很要求及时性。极少有客户能够满意于一两天的配送时间。

为了缩短配送的时间，2014年成立的每日优鲜，对生鲜电商的模式进行了新的探索：前置仓。前置仓的"前"指的是要离顾客、社区更近的意思。前置仓一般设在人口密集的小区附近，面积100~400平方米不等，覆盖周围3公里范围内的居民。前置仓的出现大大缩短了生鲜的配送时间。每日优鲜承诺的时间是2小时以内送货上门，到2019年底，统计的平均配送时间为36分钟。[202]前置仓的策略让每日优鲜在垂直的生鲜电商中脱颖而出。2019年5月，每日优鲜对外公布，要在前置仓增加餐食、咖啡、活鲜三类产品，也开始提供次日到达的服务（从大仓发货的日用品）。到2019年11月，每日优鲜在全国20个城市有1500个前置仓。[203]美团2019年推出的美团买菜，便是模仿每日优鲜的前置仓策略。

2020年7月，每日优鲜宣布完成4.95亿美元新一轮融资，由中金资本、腾讯等联合投资。[204]疫情加速了生鲜的线上渗透率，这一轮融资也是生鲜配送到家行业最大规模的融资纪录。[205]腾讯早在2015年A轮就开始投资每日优鲜，并在后续的多轮融资中持续跟投。

此外，像京东、美团、饿了么这样自己就有配送能力的电商平台，也开始和线下的超市便利店合作，推出了O2O（online to offline）的模式（见图6-2）。京东2015年推出京东到家，与线下零售商家合作，提供1~2个小时配送到家的服务。从传统超市配送的时间明显要比盒马和每日优鲜长,其中一个原因是传统超市在设计时并没有考虑线上的部分,或者说没有优化店内分拣、包装的流程。此外,线上显示商品和线下库存经常不一致,缺货率、错误率高。2018年8月,京东到家宣布完成5亿美元融资,投资方除了京东自己,还有零售巨头沃尔玛。那个时候,京东到家已经拥有120万商家用户和超过5000万个人用户,基本上覆盖了所有的一线和二线城市。[206] 除了沃尔玛,京东还和家乐福、全家、7-11、罗森等国际便利店巨头,以及永辉生活、正大优鲜、全时等本土零售店合作。京东势头迅猛,但是美团凭借着外卖业务培养起来的配送能力,提供的配送时间比京东更短。通常,使用美团从附近便利店配送到家的时间约为30分钟。

图6-2 生鲜O2O

综合电商平台和线下商超的结合越来越紧密。2015年8月,京东7亿美元投资生鲜超市龙头永辉超市。[207] 阿里巴巴也投资了多家连锁超市和购物商城,比如三江购物、联华超市、银泰、苏宁等。电商平台向线下的扩张越来越激进。传统的线下商超也不甘落后，2015年物美超市推出了多点，为物美超市和其他合作超市周边三公里居民提供配送到家服务。

生鲜新零售领域有如此之多的发展、创新、新模式、新进入者和新方法，几乎不可能一时之间完全理解。我们在表6-1中总结了不同模型的"关键方法"，帮助你掌握核心属性。

表 6-1 各种各样的生鲜商业模式

	易果生鲜	天猫生鲜/京东生鲜	每日优鲜	O2O/美团/京东到家	传统商超/多点	OAO/盒马/7-Fresh
类型	新成立	电商平台	新成立	现有平台	与电商平台合作	新成立
线上/线下	线上	线上	线上	O2O	线下（多点是线上）	OAO
成立时间	2005	2013	2014	2015	2015	2016
聚焦	水果	水果、蔬菜、海鲜	水果、餐食、咖啡、活海鲜	多品类	多品类	生鲜和其他
仓库	大仓	大仓	前置仓	无	店内仓	店内仓
配送时间	1~2天	1~2天	36分钟	1~2小时或30分钟	1~2小时	30分钟
物流	自建	收购或自建	自建	自建	合作或自建	自建
价格	贵	高	略低		低	略低

从表6-1中我们发现了一些有关竞争的有趣内容：盒马正在与生鲜领域的所有玩家竞争。它跨线下超市、在线电子商务、配送甚至餐厅业务的诸多边界运营。在线下，它与传统的实体超市和餐馆竞争；在线上，它正在与京东生鲜和每日优鲜竞争；在配送方面，它与美团和京东到家竞争。现在说盒马的模式是否比其他模式有优势还为时过早，但是盒马的OAO概念无疑吸引了许多"模仿者"。2017年，京东推出了

7-Fresh，苏宁推出了苏先生，而传统超市永辉则推出了超级物种，模式都与盒马类似。

线上与线下的融合，不仅仅是中国的电商在做。2015 年 11 月，亚马逊在西雅图开了第一家线下书店。2017 年 6 月亚马逊收购了以优质生鲜著称的全食超市，将全食全球 460 多家店纳入旗下。[208] 2018 年 1 月，"Amazon GO"开业。这是一家无人便利店，主要售卖零食，顾客可在此享受"即拿即走"的购物体验。店里配备了数百个摄像头和传感器，记录顾客的活动和购买情况。荷兰的大型超市连锁店 Albert Heijn 也应用了一项技术，客户把手机或信用卡按在货架标签上就可以购物。但是很明显，这些 OAO 计划仍然是个例。迄今为止，只有像盒马和每日优鲜这样的公司才能把这种新方法规模化扩展。

生鲜食品领域的线上线下融合模式是新型零售趋势的一个例子。盒马则是这一行动的经典典范。

生鲜：实践新型零售

2016 年云栖大会上，阿里巴巴创始人马云提出了"新零售"的概念。他认为，电子商务的概念将很快过时，未来的 10 年、20 年，将是关于"新零售"的时代，即线上线下和物流的结合。[209] 盒马的出现，正是践行马云对于新型零售的诠释。京东创始人刘强东在 2018 年也对零售业的未来发展提出了自己的愿景，即"无界零售"。[210] 也就是一个无处不在、无时不有的购物网络，可实现买卖双方之间的无缝沟通。

新鲜食品是大多数中国人日常生活的必需品，也是零售业务中"人货场"之间关系的最好体现。尽管生鲜电商在中国起步较晚，但它通过不断创新和重构"人货场"的连接点，使得线上线下再无界。这也使得人们重新思考传统的电子商务，毕竟消费者就是消费者，不分为线上消费者和线下消费者，也不分为生鲜消费者或生活用品消费者，商业模式也不应该分。

（1）**线上线下深度融合**。传统的零售，线上和线下是分离的。在传统的线下商超，消费者去店里购物，从货架上拿走货物，买单，就是消费的终点。线上购物时，消费者在线下单、付钱、收到货，也是消费的终点。二者像是两条不会交汇的平行线。京东到家O2O的模式，把线上和线下连接了起来。消费者可以在线上下单，购买线下超市的商品。盒马的模式，消费者既可以在线上买，也可以在线下买，线上线下真正融合在一起。消费者去盒马实体店或者在线下单，完全取决于他们的心情和规划安排。当盒马的想法尚在萌芽中时，一个比较重要的决策就是，开店还是像每日优鲜一样建仓库。盒马最终决定要开店。因为用户不会到仓库去买东西，仓库不可能有线下流量，更不可能把线下流量转移到线上。单纯依靠线上获取流量非常贵。决定开实体店之后，另一个决定是要不要在店内做餐饮。还是出于同样的考虑，获取线下流量，盒马决定做餐饮，但采用的方式是把餐饮外包给第三方的商家。为了把线下流量引到线上，盒马坚持要求顾客用盒马的App结账，虽然这样会流失个别用户，但这是把线下流量转到线上最为关键的一步。消费者不会考虑什么线上线下的业务模式；他们只是在有空的时候去超市，忙碌时在网上下个单享受送货上门的便利。对于消费者而言，最重要的是便利和满足他们的需求。如果公司坚持线上和线下之间的传统界限，就是给自己的观念造了一堵墙。

（2）物流与线上线下深度融合。 物流的重要性在生鲜电商上体现得淋漓尽致。对于非生鲜类的商品，消费者对时效的要求没那么高，能够当日达或者次日达，满意度就很高。并且非生鲜类商品在仓储和运输过程中也不易损坏和损耗。外卖虽然对时效要求高，但是只有配送这一个环节。而生鲜物流有三个特征：配送时效要求高，物流链条复杂且长，商品易损坏损耗。所以所有的市场参与者都在物流上下足了功夫。最初的时候，参与者建立冷链物流体系，大仓发货，解决了生鲜的运输和损耗问题。但是配送时效上没有质的飞跃。而每日优鲜直接把仓库搬到了消费者附近三公里以内，把配送时间从1～2天缩短为1～2小时。通过把仓库和线下店结合在一起，盒马进一步把配送的时间缩短到30分钟以内。30分钟，已经和自己出去买菜再回来的时间差不多，甚至更短。[211]艾瑞的一份研究报告显示，配送时间在2小时以内的盒马、每日优鲜等，用户购买频次高于配送时间1～2天的天猫生鲜和京东生鲜等。[212]物流体系搭建好，配送速度也提升了，无论是盒马还是每日优鲜，都开始扩展产品品类，增加了除生鲜以外的其他日用消费品。艾瑞的报告显示，超过七成的用户在网上购买生鲜的同时，都会购买日用品。[213]这又是高频消费对低频消费占领的典型场景。未来，类似每日优鲜的生鲜电商平台，有可能以这种方式蚕食综合电商的市场份额。

（3）不同的模式对应不同的消费者需求。 从传统的生鲜电商，到京东到家的O2O模式，到每日优鲜的前置仓，到盒马的OAO线上线下融合，生鲜电商的模式在不断地进化。事实上在2018年又出现了一种新的模式——社区团购，我们会在第7章进一步讨论。社区团购以社区为中心，每个社区都有"团长"。团长是社区居民，通常没有全职工作，在家照顾孩子为主。团长会建立微信群，每天在群里推送8～10款商品进行预售。小区居民下单，所有订单集中成为一个大订单发送到供应商，供应商直接发货配送到小区，然后由团长分发到小区的买家手中。社区团购主打三四线城市，每个团长可以覆盖300～500个家庭。2019年1月，社区团购的领先企业食享会，已经布局到了全国45个城市近2万个小区，拥有2万名团长。社区团购的优势明显，可以利用团长的熟人网络获得社区流量，并且没有修建仓库和实体店的成本，模式非常轻松。

目前中国的生鲜电商市场依然是多种模式并存，各有优劣，覆盖不同的消费需求场景，没有哪一种展现出有压倒性的优势。不仅不同的玩家有不同的模式，盒马本身也在不断地改进模式。盒马的第一家店叫盒马鲜生，此后盒马又陆续孵化出盒马菜市、盒马mini、盒马F2、盒马小站、Pick'n Go等，每一种模式对应不同的场景。例如盒马mini店就与盒马鲜生注重体验感的大店模式不同，面积只有500～1000平方米，品类也更少，配送范围缩短至1.5公里，覆盖下沉市场。Pick'n Go主要解决白领上班的早餐问题，典型消费场景是消费者在地铁上下单，出地铁口路过Pick'n Go时直接扫码拿货。2019年11月，盒马直接在深圳开了一家购物中心——盒马里·岁宝。虽然也有服装和日用品，但是主要以餐饮和亲子为主，覆盖周六日家庭亲子活动的需求。

生鲜电商能赚钱吗

最后，让我再来看盒马。盒马的商业模式看起来很新颖，并且客户也喜欢。但是这仍然没有回答最重要的问题——盒马能赚钱吗？Ocado，最早的生鲜电商之一，2000年在英国成立，花了14年的时间才实现盈利。它能够一直活下来的原因之一是投资者认为它是一家独角兽公司。长期以来，盈利一直是生鲜电商头疼的问题。亚马逊早在2007年就在西雅图尝试了 Amazon Fresh，但直到 2013 年才开始扩展到其他城市，考虑到亚马逊一向快速扩张，这次是相当保守的。如果 Amazon Fresh 有希望，亚马逊还会在 2017 年收购全食超市吗？

中国的互联网企业正在尝试和扩展，但同时它们还没有弄清楚如何赚钱。因为生鲜的市场规模巨大且高频，生鲜业务显然具有战略重要性，所以短期利润目标可以暂时放下。例如，小米几乎不从电视机上赚钱，而是把电视作为在物联网时代吸引消费者的必要手段。生鲜可以应用相同的逻辑吗？如果阿里巴巴不卖生鲜，也会有新的或现有的竞争对手做生鲜。这个逻辑是否足够充分？

回顾最早进入中国零售业的外国公司：家乐福于 1995 年进入中国，沃尔玛 1996 年进入。它们是中国超市行业的先行者，非常成功，而且也能赚钱。现在，这些传统零售商正面临来自技术领域的阿里巴巴和京东的激烈竞争。2019 年，苏宁收购了家乐福 80% 的股份。[214] 2012 年，沃尔玛收购了 1 号店，后来并入京东，因此得以在中国市场生存（见表 6-2）。

表 6-2 生鲜上网的主要挑战

挑战	描述
高频交易	交付成本高
冷链物流	随着在交付过程中重量、大小、比例的变化，交付的复杂性不断增加
消费者需要看见货物	新鲜有很多级别
生产者众多	高度分散
没有清晰的标准	很多生鲜食品没有品牌
盈利模式	还没有生鲜玩家赚钱
对交付时间的要求	人们等不及 2 天，甚至 2 小时

线上线下结合并不仅限于生鲜领域。在本章中，我们将重点放在生鲜食品上，因为由于生鲜食品的保质期短，给供应链带来压力，并且消费

者要求的新鲜度较高，因此生鲜电商是最难做的。线上线下融合在新冠肺炎疫情之前就有，疫情加快了这种转变的速度。大多数公司为了能够在2020年新冠肺炎疫情下活下来不得不将业务转移到线上。我们看到，那些在2020年之前就已经为线上线下结合做了准备的公司，其表现比临时抱佛脚的公司要好得多。准备工作不仅仅包括构建IT基础架构和数据库，而且还与商业模式和业务运作方式有关。我们认为，组织变革对成功转型至关重要。线上线下融合这一趋势已成为几乎所有领域的必然。

中国有句古话，见微知著。生鲜只是中国成百上千零售产品当中的一种，但是从生鲜电商的视角，能够看到中国企业从复制到创新的质变过程。正如我们在第5章中所见，当年千团大战，几千家企业同质化竞争，拼广告烧钱，拼融资。而几年之后，在生鲜领域的竞争，拼的已经是商业模式、创新和对用户的理解。以盒马为代表的创新生鲜零售玩家，不再是复制者。取而代之的是它们在消费者的消费场景中不断地创新和实验。"不创新、毋宁死"用在生鲜零售中，恰如其分。如果生鲜电商与中国其他行业的发展趋势类似，我们预计竞争后将会有几家大公司生存下来，并且将有许多垂直电商，专门服务某些产品类别、特定地区和特定客户群。

这种趋势与零售商和物流公司有关。全球领先的农业技术公司先正达集团，30年来一直试图通过将其商业模式从西方扩展复制到中国，来进入中国市场。2017年，先正达在中国推出了一种称为MAP（现代农业平台）的新模式。MAP平台帮助农民实现农场现代化，并帮农户联系到优质的买家，进而给予农民指导，也为农民提供原材料。MAP为农民提供了高度创新的种子和农作物保护产品，数字化的服务，培训计划和建议，以更安全、更环保的方式种植农作物。MAP模式的一个关键要素是

"Map beSide"计划。在这一计划中,MAP将加入其网络的农民种植的农作物,以较高的价格出售给诸如盒马鲜生这样的商业购买者。由于MAP的数字化服务实现了完整的产品可溯源,因此盒马的消费者扫描二维码就以查看产品信息,以及有关农场位置、环境、收获过程等的信息。利用中国新型零售的趋势,在先正达集团的全球产品和服务能力的支持下,以中国市场为中心的模式,使得先正达在中国的业务发展比其竞争对手快得多。[215]

本章总结

对高管提出的问题:

1. 你是否有生鲜或易腐食品类别的产品,你发展线上业务的主要动力是什么?

2. 在你所在的地区和行业中,生鲜食品电商面临哪些挑战?

3. 在线销售生鲜食品对客户、品牌和你有什么好处?

4. 如何实现生鲜食品零售主张?

5. 你在食品价值链中的薄弱环节是什么?你将往哪里投资?垂直整合对你来说更好吗?你应该投资哪种产品类别,不应该投资哪些?你想将食物来源控制在哪里?

CHAPTER 7

| 第 7 章 |

社交电商：服务金字塔底部

中国是世界第二大经济体，并且如果按购买力平价计算，自 2014 年以来就是世界上最大的经济体了。从这个角度讲，中国是一个富裕的国家。然而，如果从 14 亿多人口的人均 GDP 来说，它又是一个相对贫穷的国家。正如李克强总理在十三届全国人大三次会议闭幕后的记者会上所说："中国是一个人口众多的发展中国家，我们人均年可支配收入是 3 万元人民币，但是有 6 亿中低收入及以下人群，他们平均每个月的收入也就 1000 元左右。"[216] 这个统计数字震惊了很多中国人，尤其是生活在一二线城市的白领。他们无法想象，每月 1000 元怎么生活！

科幻作家郝景芳 2012 年发表的中短篇科幻小说《北京折叠》，曾经获得雨果奖最佳中短篇小说奖，她也成为第二位获得雨果奖的中国作家。小说中讲述了北京在未来被分成三个空间，也是三个互相折叠的世界。故事的主人公老刀生活在第三空间，这里拥挤、杂乱、充满了争吵，生活着城市 2/3 的人。为了多赚钱让女儿上一个好一点的幼儿园，老刀冒着危险去第二、第一空间送信。在三个空间之间穿梭是一件危险的事情。

在送信的过程中，他有机会看到了第二和第一空间的世界。第二空间高楼林立，繁荣而有序，生活着城市白领和高知学子。第一空间环境宜人，没有高楼大厦，拥有最好的资源，但是只有不到7%的人生活在这里。三个空间彼此分隔，难以穿越。

当月入几万元，住在北京五环内的小李听到中国有6亿人月收入只有1000元左右，着实感到震惊，这和他生活接触的世界完全不同。他的周围，是几万元一平方米的房子，逛盒马的时尚、吃海鲜的讲究、看电影的情调、宅家叫外卖的便利、出国旅游的惬意。他去过泰国、日本、马来西亚、马尔代夫和迪拜，如果不是因为疫情，他计划2020年去巴黎。

而远在中国中西部贵州省毕节农村大山里的小华，还和爷爷奶奶生活在土坯房里，进市里一次，差不多要一整天的时间。小华的爸爸去世十年了，妈妈早已改嫁，他和爷爷、奶奶、姐姐、妹妹生活在一起，靠着国家的低保和精准扶贫过日子。小华学习成绩很好，在县城里名列前茅，又考上了市里的重点高中。但是读高中的费用愁坏了小华一家，幸好有公益项目资助，小华成功被毕节一中的弘毅班录取。这个班50几名同学都是像他一样，品学兼优，但是家庭贫困，被公益项目资助。在中国中西部的农村，和小华一样的家庭有很多，淘宝和京东离他们很远，他们也不知道美团是干什么的，更不知道盒马为何物。

在中国，还有很多人还像小华一样，处于经济贫困中。电子商务如何才能服务到他们？在本章中，我们将重点介绍中国的互联网企业家，如何成功提出创新的商业模式来服务这一庞大的、服务不足的细分市场，从而使像小华这样的消费者成为中国新型零售革命的一部分。

在讨论如何为像小华一样的人服务之前，让我们认识一些有趣的中国互联网"智者"。他们在中国不如马云出名，在其他国家也不是很出名，但是我们认为，他们在商业活动中表现非凡。而且，人们之所以对他们更感兴趣，是因为他们既能够获得成功，又能够避开聚光灯。我们认为，他们有佛家的智慧。

中国互联网的"智者"们

让我们从网易的创始人丁磊开始，2020年，他第三次敲响上市之钟。

丁磊，1971年出生于浙江省宁波市奉化区的一个知识分子家庭。父亲是一位电子工程师，他对丁磊产生了深远的影响。丁磊在童年时代就喜欢玩收音机。1989年，他考入电子科技大学，主修电子科学与技术。毕业后，他在浙江省宁波市电信局找到了一个技术工程师的工作。电信局的工作收入丰厚，但他觉得没有挑战。在电信局工作的那两年间，他最大的收获就是精通了计算机操作系统。1995年，丁磊不顾全家人的反对，毅然辞职南下广州。到了广州之后，他在两年内换了三个工作，终于在1997年创立了自己的公司网易（NetEase）。1997年，互联网三巨头BAT都还没有成立。网易名字的寓意就是让中国人更容易访问互联网。

三年后的2000年，网易在纳斯达克上市，当时丁磊只有29岁，那个时候网易还是单纯的门户网站。2019年10月，网易旗下教育板块——网易有道登陆了纽交所，这是丁磊第二次敲钟。2020年6月11日，网易在疫情中登陆香港交易所，开盘价为133港元，较发行价上涨

8%，收盘市值为 4558 亿港元。[217]

网易在纳斯达克上市后的 20 年间，其市值猛增 2700 倍，从不到 2000 万美元升至超过 550 亿美元，股价增长了 90 倍以上。算入派发股息的持股整体年化回报高达 26.2%。丁磊自豪地说："在过去 20 年里，每年的资本回报率都超过 20%，在中国只有两家——一家是茅台，另一家是网易。"[218]

事实上，网易在纳斯达克一上市就遇到了互联网泡沫破裂，股价也一泻千里。网易的经营也陷入危机，被勒令停牌，股价定格在 0.64 美元，市值跌至不足 2000 万美元。丁磊曾回忆说，最难的时候，甚至想卖了公司。当时是不幸但现在看来是万幸，就是没有人愿意买网易。在关键时候丁磊遇到了贵人段永平出手相助，他豪掷 200 余万美元购入网易股票，网易起死回生。有了钱，丁磊将目标瞄准了游戏，股价开始飙升。一年后的 2003 年，丁磊问鼎福布斯中国首富。[219]

段永平：中国的巴菲特

段永平被称为"中国的巴菲特"。他为人低调，没有人知道他的真实财富。段永平 1961 年出生于一个普通家庭，父母都是老师。1977 年，中国恢复高考。当年的入学考试竞争非常激烈。在 1977 年至 1990 年，高考的录取率在 5% 到 10% 之间。段永平高考之路并不比马云轻松。实际上，很难说谁的情况更糟。第一年，满分 500 分段永平考了 80 分（五科，每科满分 100 分）。第二年，他再次尝试。这次他仍然考了 80 分，只不过是五科平均每科 80 分。他被浙江大学录取，主修无线电技术。后来，段永平还在中国人民大学获得了计量经济学的硕士学位。

毕业后，段永平敏锐地意识到了中国新的"开放"政策以及经济改革所带来的机遇。他南下到广东省中山市,并申请了生产大型电子游戏机的佛山日化电子厂的工作。在不到一年的时间里,段永平就被升为厂长。当时工厂亏损超过 200 万元,段永平重新设计了产品,于 1991 年推出了"SUBOR(小霸王)"游戏机。

小霸王签下了成龙作为新产品的代言人。请成龙代言价格非常高,显而易见超出了这家尚不知名公司的能力。但是,段永平赌赢了,小霸王很快成为中国的知名品牌。1995 年,段永平提出的公司股份制改革计划被拒绝,他离开了小霸王,并且承诺在 12 个月内不会开展类似的业务与小霸王进行直接竞争。

段永平成立了一家新的游戏机公司——步步高。但是他信守承诺,一年后才推出新产品。他使用了与小霸王相同的成功方法:出色的产品设计 + 明星代言。步步高在广告投入上也是大手笔,在那个时候全中国人民都收看的中央电视台打广告,请施瓦辛格做代言,连续两年成为央视标王。段永平的制胜法宝再次奏效。

与段永平一起离开小霸王的员工之一陈明永,后来创立了 OPPO。步步高旗下则成立了 vivo。2019 年上半年,OPPO 和 vivo 在中国的销量分别排名第一和第二,超过了华为、小米和苹果。[220] 这两个品牌都针对三、四线城市和农村地区的年轻人。人们称 OPPO 和 vivo 的两位创始人都是段永平的门徒,他们深受段永平管理和营销理念的影响。后来,段永平的门徒里又多了一个人,社交电子商务平台拼多多的创始人——黄峥。

黄峥和他的导师

黄峥和段永平又是怎么认识的?看经历和年龄二人似乎没有什么交

集。黄峥在浙江大学读书的时候喜欢在网上发一些文章,因而小有名气。2002年的一个下午,黄峥下课回到寝室,MSN上跳出一个加好友申请,向他请教一个技术问题。这位陌生网友就是丁磊。黄峥帮丁磊解决了技术问题,丁磊把黄峥引荐给了刚刚买了网易200万美元股票,同样毕业于浙江大学的段永平。

黄峥在普通家庭长大。家里并不算穷,不需要借钱,但是黄峥经常穿着亲戚朋友传下来的衣服。在这种环境中成长有助于他后来深刻了解社会金字塔底层人们的需求。黄峥非常善于学习,他被浙江大学的朱可桢学院录取。朱可桢学院是专门为有特殊才能的学生设立的。黄峥主修计算机科学,浙大毕业后到美国威斯康星大学继续深造。2004年,黄峥研究生毕业,迷茫着应该进入如日中天的微软,还是羽翼未丰的谷歌,段永平指点黄峥进入了当时还未上市的谷歌。[221]三年后,谷歌公开上市,黄峥赢得了他人生的第一桶金。2006年,段永平用62万美元拍下和巴菲特共进午餐的机会,也带着黄峥同行。

2007年,黄峥离开谷歌开始他的创业之旅。黄峥后来创立拼多多并非偶然,他的前几段创业经历都与电商有关。段永平大力支持黄峥创业,把步步高的电商业务交给黄峥。黄峥成立了手机电商欧酷。做了三年,黄峥觉得,做电商他怎么都做不过那个叫刘强东的人,就把欧酷卖了。2010年他创办电商代运营公司"乐其",为雀巢、中粮和联合利华等大品牌提供电商代理运营服务。2013年,乐其内部孵化出黄峥第三个创业项目"寻梦游戏",为黄峥带来了不错的现金流。但是黄峥并不满足于此,他的想法是,做游戏和电商代运营虽然赚钱,但始终不能对社会和时代产生影响。2015年黄峥开始他的第四次创业,推出生鲜电商"拼好货"。9月,又成立了"拼多多"。拼多多的天使投资人阵容强大,包括段永平、丁磊、顺丰的创始人王卫，还有淘宝创始人之一孙彤宇。在黄峥的创业过程中，段永平不仅出资，还经常出谋划策。黄峥曾坦言，"在我的天使投资人里面，对我影响最大的是段永平。"[222] 而段永平也称赞黄峥："黄峥是我知道的少见的很有悟性的人，他关注事物本质"。[223]

拼多多：增长最快的电子商务公司

成立拼好货和拼多多，用黄峥的话来说是"做一件跟原来相比社会影响力更大一些（的事）"。[224] "我们这个团队可能跟阿里团队差了20年，我觉得我们也许有机会……做出一个不一样的阿里"[225] 尽管阿里巴巴和京东这样的公司已经几乎垄断了中国电子商务领域，但黄峥认为，如果他能够解决本质上被这些巨人忽视的中国消费群体的需求，仍然有可能与它们正面竞争。

2015年9月，黄峥把拼好货和拼多多合并，合并后的公司叫拼多多。拼多多的目标群体是数以百万计没有被服务到的、价格敏感的消费者。

拼多多如何为小华这样的客户提供服务呢？举一个例子：一件在淘宝上价格为39元的衣服，在拼多多上仅为19元；如果客户可以邀请五个朋友团购，价格就降至9.9元，还包邮。谁能卖九块九的衣服来赚钱呢？

凭着超低价格，拼多多的活跃用户在成立第一年就从零增长到了1个亿，然后在第二年增长到了2个亿。截至2020年3月，拼多多的平台上拥有6.28亿活跃用户，就客户获取而言，它可能是全球增长最快的公司。[226]（根据最新的年度报告，阿里巴巴在2019年在中国拥有7.11亿活跃用户，[227] 京东拥有3.62亿活跃用户。[228]）随着拼多多用户基础的扩大，其交易量也呈指数增长。截至2019年12月的12个月期间，拼多多报告的总成交额（GMV）为人民币10 060亿元，比上年同期增长213%。[229] 同期，阿里巴巴的GMV为57 270亿元，[230] 京东的GMV为20 850亿元。[231] 如今，拼多多已经运营到了第五年，在中国竞争激烈的电子商务市场中排名第三，仅次于阿里巴巴和京东。拼多多的关键数据如表7-1所示，其与阿里巴巴、京东数据对比如表7-2所示。

表7-1 拼多多的关键数据

时间（年）	2016	2017	2018	2019	2020
活跃用户（百万人）	100（9月）	200（9月）	300（6月）	585	628（3月）
GMV（亿元）		1 412	4 716	10 060	
收入（亿元）		17.44	131.2	301.4	
利润（亿元）		-4.99	-102	-69.68	

表7-2 2019年拼多多、阿里巴巴、京东数据对比

	阿里巴巴	京东	拼多多
活跃用户（百万人）	711	362	585
GMV（亿元）	57 270	20 850	10 060

增长如此迅速，拼多多在资本市场上的表现也非常亮眼（见表7-3）。[232]

表7-3 拼多多融资经历

时间	轮次	投资人	金额
2016.03	A	高榕资本	数百万美元
2016.07	B	高榕资本、新天域资本、腾讯投资、顺为资本、小米科技、IDG资本等	1.1亿美元
2017.01	C	红杉资本	2.15亿美元
2018.04	D	腾讯、红杉资本	13.69亿美元
2018.07	IPO		
2019.09	战略	可转债	10亿美元

第 7 章 社交电商：服务金字塔底部

拼多多于 2018 年 7 月 26 日在纳斯达克上市。

一直以来，拼多多以在网上出售的低价产品而闻名，产品质量一直被诟病。尽管存在诸多争议，拼多多的股价上市当天就飙升了 30% 以上，市值达到近 300 亿美元，是京东的 50% 以上。[233]

上市当天，黄峥没有去美国。相反，他邀请了拼多多用户在纳斯达克敲钟。他本人只是在上海远程参加，好像又是平常的一天。阿里巴巴用了五年时间上市，唯品会用了八年，京东用了十年，而拼多多仅仅用了三年。

2020 年 6 月，年仅 40 岁的黄峥成为中国第二富有的人，身家达到 454 亿美元（世界排名第 22 位），腾讯的马化腾身家 515 亿美元成为中国首富（世界排名第 19 位），马云 439 亿美元（世界排名第 23 位），京东的刘强东为 127 亿美元（见图 7-1）。[234]

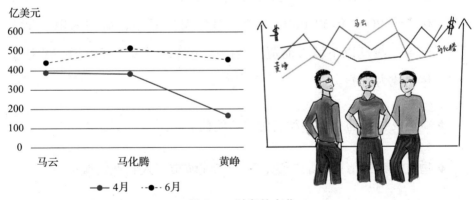

图 7-1　财富的变化

有趣的是，在 2020 年 4 月，马云的身家为 388 亿美元，马化腾为 381 亿美元，黄峥为 165 亿美元。在不到两个月的时间里，黄峥的身家就增加了 289 亿美元，甚至超过了马云。

但是，IPO 不一定代表成功。即使在成立五年之后，拼多多也无法盈利。亚马逊成立 20 年后，直到 2015 年才实现首次盈利。这有一个重要的前提，就是亚马逊的投资者在 20 年的时间里非常有耐心并充满信心。他们相信亚马逊最终会赚钱。拼多多的问题是，它可以承受多长时间的亏损？

低线城市的人们上网：天时

中国人认为天时、地利、人和对取得成功必不可少。拼多多的时机已经成熟。

- 2015 年开始，以小米为代表的低价智能手机，快速让三线以下城市的用户连上了移动互联网，农村人口的互联网的渗透率提升。

- 2013 年微信的 MAU 达到 3.55 亿，2015 年 6.97 亿，2017 年 9.89 亿，[235] 2019 年 11.65 亿。[236] 从数字可以看出，微信的用户呈下沉到三线及以下城市而覆盖全国的趋势，拼多多通过微信的社交传播成为可能。

- 微信支付开通了，移动支付非常便捷。

- 物流体系的覆盖更加广泛，从一二线城市深入到低线城市。

- 淘宝用不了微信的社交流量，京东的价格又高，不适合低线城市。

拼多多成立之时，整个社会的移动电商基础设施的建设已经深入到低线城市，而淘宝京东尚未开始布局。这是拼多多的天时！

中产阶级不知道的市场：地利

14.9 元 20 包的抽纸、几十元的行李箱、9.9 元五斤水果这样的商品，在拼多多上最为常见。整个拼多多平台上的商品价格都极低。像手机这样的品类，拼多多的热销商品是老人机，均价甚至低到只有三十几元。

以低价著称的拼多多在产品质量上一直备受诟病。拼多多提交上市申请的消息传出，互联网上马上炸开了锅。各种质疑之声不绝于耳。"假货""山寨""消费降级""下沉人群""低线城市"……2016 年，拼多多的投诉量占行业 13.12%，高居行业第一。[237] 就在拼多多上市前一周，纸尿裤制造商"爸爸的选择"向纽约的一个联邦法院提起了商标侵权诉讼。起诉书中称，拼多多在知情的情况下允许标有该公司商标的假冒产品在其平台上销售。

针对扑面而来的质疑，黄峥说"只有在北京五环内的人才会说这是下沉人群。我们关注的是中国最广大的老百姓。""我们的核心就是五环内的人理解不了。"[238] "消费升级不是让上海人去过巴黎人的生活，而是让安徽安庆的人有厨房纸用、有好水果吃"。[239] 拼多多上 28 元的水果榨汁杯、398 元大屏智能手机……低廉的价格却让很多用户用上了以前想都不敢想的新产品。

根据中国国家统计局（NBSC）的数据，2019 年中国人均可支配收入为 30 733 元，折合每月 2561 元。[240] 在富裕的东南沿海地区，人均收入水平远高于全国平均水平，但是在广阔的内陆省份，尤其是农村，甚至还远未达到这一数字。现实情况是，6 亿人的平均月收入仅为 1000 元。中国有大约 10 亿人生活在小城镇和农村，比起人们在一二线城市的 Gucci 商店遇到的消费者，这 10 亿人对价格的敏感度要高得多。事实也是如此，拼多多的客户中至少有 2/3 来自典型电商平台（如淘宝和京东）的目标受众之外。[241]

三重折叠的北京也好，五环内的人和五环外的人也好。告诉我们的是，在中国的互联网上，生活着互相割裂的人群。"五环内"的小李在盒马上买 89 元的波士顿龙虾，"五环外"的小华很欣喜在拼多多上买到了 9.9 五斤包邮的芒果，他以前从未吃过。这才是中国的现实，也是众多发展中国家的现实——这是一个金字塔结构的市场，而绝大多数人在金字塔的底部。

低端供应链

从 80 年代开始，中国就开始培养巨大的制造能力。2015 年前后，外贸萎缩，很多长期为国外品牌代工的企业一下子订单不足，大量产能富余，需要转型到国内市场。然而这个过程并不容易。京东一开始就做正品行货，根本看不上这些代工厂，淘宝那个时候又在全力"打假"也不想理代工厂。有富余产能却无处安身的代工厂需要销售，需要现金流。这时拼多多来了。

通过提供免费的流量，拼多多帮助工厂大幅降低营销成本。在拼多多上"拼购"的商品，虽然价格低，但是订单量高，不仅能迅速消化工厂产能，还有可能帮助生产厂商通过爆款销售迅速赢得消费者的信任，树立品牌形象。所以一些代工厂愿意降低利润甚至赔钱，先把销量和品牌做起来。拼多多在 2018 年 12 月推出了扶持代工厂的新品牌计划，与大量工厂需要摆脱代工地位实现本地品牌化的需求契合。

松腾是一家拥有 70 多项国际专利的制造公司，位于深圳。它为霍尼韦尔、惠而浦和飞利浦等大品牌代工，产品销往世界各地。[242] 在为其他品牌代工20年之后，松腾于2015年推出了自己的品牌"家卫士"扫地机器人。但是，拥有技术和生产能力并不意味着它知道如何打开本地市场。事实上，消费者宁愿花四倍的价钱购买松腾代工的知名品牌的产品，也不愿购买家卫士。2018年，家卫士加入了拼多多的新品牌计划，在六个月内销量突破了100 000个。家卫士就是中国许多中小型制造企业的典型代表。

拼多多上另一个爆款品类就是农产品，例如9.9元五斤包邮的水果。2018年，中牟大白蒜滞销，中牟县政府找到了拼多多。与拼多多合作的商家以每斤高出市价0.15元的价格收购了这700万斤大蒜，并以5斤9.6元、10斤18.9元的优惠价销售给拼多多消费者，而且包邮全国。中牟大蒜的这种模式，很快被更多农产地复制。各种农产品从云南、广西、河南、海南等产地的田间地头，源源不断发给拼多多的消费者。农户也可以直接在拼多多上开店，省去了中间环节，大大缩短了周期，降低了成本，也减少了损耗。拼多多还和很多农产品原产地合作，帮助他们培养电商运营人才。拼多多培训了超过10万名离开家乡到城市打工的农民工。培训结束后，他们回到自己的家乡，小镇和乡村，与拼多多合作销售当地的产品。农产品在时令季节集中上市时，通过大数据匹配最有可能购买客户，通过促销刺激需求，大量出货，降低损耗。截至2020年11月，拼多多已将1200万名农民连接到其平台，预计到2020年底将销售2500亿元的农产品。[243]

原本无处安放的低端供应链、易腐坏的农产品，和未被满足需求的低线城市和乡村人群，在拼多多上相遇。就这样，拼多多在阿里、京东垄断的电商格局中撕开了一条新的裂缝。

电商 + 社交 + 游戏 + 推荐

社交 + 电商

拼多多的商业模式在他的名字当中体现得淋漓尽致。许多人第一次用拼多多，都是源于在微信群里，收到家人或者朋友发来"帮忙砍一刀"的砍价链接，或者是邀请一起以优惠价格拼单购买的链接。发起"砍价"的用户如果在24小时内邀请足够多的人点击链接"砍价"，甚至可以免费得到该商品——还包邮。这种模式激发了用户，他们乐意在微信上进行分享，邀请好友拼团，助力砍价，分享互惠。而在帮忙砍价或加入拼单的同时，这些点击链接进入的人，也在不知不觉中完成了拼多多的注册过程，成为拼多多的用户（见图7-2）。

图 7-2 拼团购

拼多多的购物流程也为易于社交传播而设计。在拼多多上几乎所有的商品都包邮，这样用户的决策时间和决策流程更短：用户并不需要考虑多个商品一起结算省运费。京东和淘宝都有的购物车功能，拼多多没有，也是同样的理由。这样，用户点开别人发来的链接就可以直接下单，简单直接快速。超低价商品、没有购物车里的前思后想、包邮……这些特点极大降低了用户在手机上购物的门槛。

游戏 + 电商

拼多多想出了许多方法来吸引客户更频繁地登录。"每日签到"是其中之一。这个功能通过奖励积分来鼓励用户每天都打开拼多多 App。用户可以用这些积分在购物时兑换代金券，抵扣现金。

2018 年 5 月，拼多多还推出了应用内的游戏，多多果园、多多牧场。游戏的目的是为用户提供更多的趣味，鼓励用户更频繁地打开应用。例如多多牧场允许用户"养鸡"，给鸡喂食并和它们玩耍。饲养一段时间后，用户可以收获一定数量的鸡蛋，并将其兑换为真实的产品，例如面粉或者面包。在线游戏加上金钱奖励，使用户的幸福感倍增。而为了赚取喂鸡用的饲料，用户需要完成各种任务，例如浏览商品、分享商品，或邀请朋友加入拼多多。玩家还可以看到朋友的小鸡养得怎么样，帮助他们喂鸡或"偷"他们的饲料（见图 7-3）。

每天有超过 6000 万用户登录多多果园或多多牧场玩游戏。[244] 游戏不仅是激励用户更频繁地登录、浏览和购买的工具，而且还允许用户与朋友互动并享受购物过程。

拼多多将游戏引入电子商务并不奇怪。别忘了拼多多的前身寻梦科技就是一家游戏公司，而拼多多对游戏吸引人之处也有深刻的理解，并把这种理解融入拼多多的电商理念当中。如果说游戏迷人之处在于完成目标后的即时满足，拼多多本身就是一款让用户满意的达到目标的社交游戏。

图 7-3　多多牧场

游戏的目标是"占便宜",游戏过程是通过找人拼团砍价来实现目标。拼团成功买到便宜商品,或者把鸡养大得到免费商品的心理满足感和打游戏通关的心理满足感非常相像。心理上的满足感反过来会增加用户对 App 的黏性。

推荐 + 电商

与淘宝和京东相比,拼多多的设计截然不同。当消费者想购买某种商品(例如登山靴)或更特定的某件商品(例如某个特定品牌的登山靴)时,他们会在淘宝上进行搜索。当他们输入"女士登山靴"时,屏幕上会出现成百上千家第三方供应商提供的登山靴。消费者需要花一些时间来查看推荐清单,并比较价格,然后做出决定购买与否,或者购买哪个。

而当消费者打开拼多多时,他们通常并没有特定的目标。根据他们的浏览历史、过往的购物行为以及喜欢类似口味的人的购买意愿,拼多多会向他们推荐相关商品。如果说淘宝是基于搜索的,那么可以说拼多多是基于推荐的。人们之所以选择淘宝,是因为他们有特定的购买目标;而人们之所以选择拼多多,是因为他们想看看有什么优惠的商品可以买。

拼多多的成功要素

黄峥曾经说过,拼多多的未来是 Costco(开市客)与迪士尼的结合体,为消费者提供低价商品和娱乐。到 2020 年 11 月,拼多多的用户数量已超过 7.31 亿。[245] 通过社交媒体完成用户积累后,拼多多不再需要依靠病毒式传播来获取用户。邀请亲朋好友组团降价的方式也发生了变化。用户不需要发链接给微信上的亲朋好友,他们现在也可以与陌生人组成一个团购小组。同时还有多多果园为人们带来社交加游戏的乐趣。

图 7-4 说明了拼多多增长的原因及其成功的方式。低线城市的用户上网,能够接触到电子商务,供应链提供了低成本、低价格和可接受的质

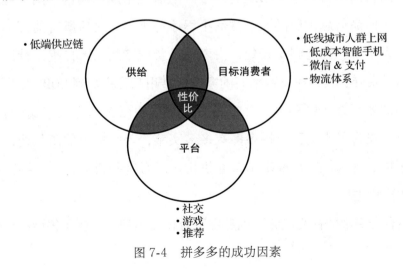

图 7-4 拼多多的成功因素

量的产品，而拼多多通过将社交电子商务、游戏、推荐整合到一起，找到并抓住了这6亿人的空白市场。所有其他电子商务的参与者都忽略了这一价值主张：极致的性价比。

拼多多与传统电子商务的不同之处不仅在于客户群，还在于它们如何吸引客户。拼多多的销售具有即时满足的吸引力，提供最佳交易的刺激感和成就感，无论是通过养鸡还是邀请朋友加入团购的形式来获得。你也可以说，拼多多提供了增加用户黏性的体验。

百花齐放的社交电商

拼多多以社交团购为主要特色，借着微信的飞速发展，短短时间就跻身电商三甲。事实上，拼多多的模式只是中国社交电商的其中一种形式。

例如，在第6章生鲜部分，我们提到了社区团购，这也是典型的社交电商。社区团购平台负责选品、仓储、物流和售后支持。社区团购主要利用团长的熟人关系，组织同一小区的居民组成团购群。团长通过微信群推送商品信息，居民通过微信小程序等下单。之后所有的订单集合成一个大单统一配送到团长处，由团长送货或者购买者自提。社区团购的商品以生鲜、食物和复购率高的家庭日常用品为主。到2020年底，社区团购战场已经硝烟弥漫。几乎所有的互联网巨头都进入了这一领域，阿里巴巴投资了十荟团，拼多多有多多买菜，美团推出美团优选，滴滴成立了橙心优选，京东推出了京喜拼拼。所有这些新的社区购买都以小程序的形式进行。

还有会员制的社交电商。也是由平台负责选品、配送和售后的全供应链流程。消费者缴纳会费或者完成购买任务就可以成为会员，同时也是分销商。会员只需要通过分享链接、推荐商品就可以获得收入。有不少会员都是从早期的微商发展而来。发展比较好的例如云集电商，2018年已经有610万会员和2300万活跃用户。[246]

此外还有内容类的社交电商。与前几类不同，内容类的社交电商不依靠熟人关系，而是通过共同感兴趣的内容来激发用户的购买热情。通过平台上的KOL分享图文、短视频等内容吸引用户，用户在观看这些内容的时候可以直接点击链接跳转到相应的电商平台进行购买。一些用户在购买后还会把自己的感受分享，进一步丰富内容。典型的例如小红书，内容以旅游、购物和美食为主。

虽然社交电商也是电商的一种，但是社交电商和传统电商有非常大的不同。如果拼多多按照传统电商的思路做，很难突破淘宝和京东的铜墙铁壁。社交电商之所以能够杀出一条路，是因为利用了其独特的优势：

（1）传统电商获客是漏斗式，社交电商是裂变式。 传统电商，消费者就是消费者。在社交电商中，消费者既是购买者也是推广者。通过消费者的熟人网络病毒式营销，获得新客户的成本低而速度快。传统电商的购买流程是，消费者搜索、浏览、点击、查看、决策、下单购买。整个过程是漏斗结构，每漏下一层都有客户的流失。而社交电商是网状的，每一个消费者都可以裂变出N个消费者，这是乘数结构。拼多多一年从零到一亿用户，五年7亿用户，如果不是靠裂变，而是靠传统电商的漏斗，这么快的获客速度是完全不可想象的。而且，熟人关系也代表着某种程度上的信任。如果人们认为某一个熟人是个精明的买家，那就很容易认为他买的东西也不错。这种转化效果比公司的官方广告要有说服力得多。再加上折扣和佣金的激励，主动传播分享的意愿也更高，能够让裂变不断地进行下去。

（2）推荐而非搜索，推荐单一产品而非品牌，用户"想要"而不是"需要"。在传统的电商下，消费者是有目的而来，买的是需要和原本就有购买计划/愿望的商品。所以第一步是搜索，然后在众多的搜索结果中评估选择，最后购买最满足自己需要和预期的商品。而社交电商是基于个体的社交网络进行传播，因此看到的商品都是被平台推送的。这种情况下发生的购买行为是被别人的推荐和分享激发的非计划性购买。与传统电商相比，这是"想要"的东西，而不是"需要"的东西，有时很难说哪种购买更有新鲜感和更令人兴奋。熟人推荐可以弱化对品牌的依赖。销售量越大，成本越低，价格更具竞争力。价格越低，销量越大。这是一个良性循环。从这个角度看，拼多多并没有抢京东和淘宝的市场，而是激发了新的需求，也就是消费者原本不会买的商品。

推荐算法在拼多多的业务模型中起着重要的作用。有人可能会说，诸如淘宝和京东这样的其他电子商务公司也在使用各种形式的算法。是的，但是推荐算法在这些平台上只是作为支持工具，而拼多多的商业模式在很大程度上就是建立在推荐算法上的。程度是关键的区别。拼多多使用数据来预测用户希望看到和购买的东西。推荐是如此精确，用户可以基于个性化推荐立即做出购买决定，而完全不会多此一举再去搜索。用户使用拼多多的次数越多，给用户推荐的商品就越准确；每次登录时，用户越觉得能获得最优惠的价格，遇到最喜欢的商品，就会越经常地打开拼多多。这也形成了一个良性循环，人们沉迷其中。最后，打开拼多多成为一种习惯行为，这和传统营销教科书中描述的忠诚度无关。并且，我们怀疑电子商务领域是否还有所谓的忠诚度一说？

（3）拼多多不仅吸引了低线城市的消费者，而且也吸引了对成本敏感的一线和二线城市的人们。拼多多的价值主张是服务于关心性价比的人们。在中国，有为数不少的消费者，他们既会购买爱马仕包，住五星级酒店，也会购买9.9元的五斤芒果。对于这部分人群，与其说重要的是消费能力，不如说是消费理念。黄峥曾说他的母亲"放到我妈妈身上，买菜的时候会比较一两块钱，但是也会买高配的iPhone和好的电视机。"[247]

国内外竞争对手的回应

为了应对拼多多的突袭，阿里巴巴和京东都采取了行动。2018年3月，阿里巴巴针对三四线城市和老年人推出了"淘宝特价版"App。同月，京东推出了京东团购（后来更名为京喜），其产品价格低于京东。还鼓励用户在社交媒体分享以享受团购价格。随着阿里巴巴和京东的进入，电子商务在三四线城市的渗透率已接近饱和。拼多多也将其战略从客户获取转变为客户留存。

美国是否有与拼多多类似的模式？成立于2014年的Brandless，是最接近拼多多的公司。Brandless的中文意思是无品牌，顾名思义，在Brandless出售的产品都没有品牌。并且所有产品的售价仅为3美元。Brandless也充分利用了社交网络推广。用户向朋友推荐Brandless，当朋友完成订单后，推荐的用户将收到6美元。Brandless采用会员制，年费为36美元，会员可享受免费的送货服务；而非会员，最低消费必须达到72美元才能享受免费送货的服务（后来降至39美元）。Brandless在投资者中也很受欢迎。2018年7月，它从愿景基金（Vision Fund）获得了2.4亿美元的C轮融资。然而，在2020年2月，Brandless宣布倒闭。[248]

如果从"天时、地利、人和"三个角度，将Brandless与拼多多进行比较。我们可以探寻为什么Brandless没能像拼多多那样成功？美国的人口情况、电子商务基础设施以及供应链基础设施与中国截然不同；第一，中国的物流基础设施已经基本覆盖了整个国家。第二，虽然低收入人群买不起iPhone，但他们拥有中国制造的智能手机。第三，使用移动支付的便捷性触手可及。第四，微信等社交平台是中国人民日常生活的一部分，可以轻松地将朋友联系在一起。第五，作为世界工厂的中国制造业具有大规模低成本生产的能力。而以上这些条件，在美国几乎都不存在。

例如，美国高昂的物流成本使Brandless无法为所有人提供免费送货服务。为了在Brandless上享受包邮服务，消费者必须一次性至少购买13件商品。这使购买决策变得异常复杂。并且，要以每件3美元的价格找到价格低廉且质量合格的产品，也是一项艰巨的任务。Brandless的用户数量在2019年开始下降，主要原因是商品"质量下降"。[249]

MNC面临的挑战

有些跨国公司（MNC）忽视或看不上拼多多是可以理解的，因为拼多多是单品交易驱动的，而且价格太低，而跨国公司基本上都是中高端产品，因此拼多多对它们来说似乎不值得考虑。但是我们认为，拼多多很有可能给行业带来颠覆。我们在前面已经介绍了松腾，这是一家已经为国外品牌做了20年代工的中国本土企业，在拼多多的帮助下推出了自己品牌的扫地机器人家卫士。松腾并非唯一的案例。拼多多的策略是帮助尽可能多的本地制造商建立自己的品牌，开发本地市场。金辉是双立人和WMF等世界一流厨具品牌的OEM代工厂。十年前，金辉就试图建立自己的品牌，但由于品牌的认知度太低而失败。后来，根据拼多多提供的消费者统计数据，金辉重新设计了产品并重新定位了自己。他在拼多多上推广王麻子品牌的厨房刀具。这款厨房刀具使用与双立人和WMF相同的材料，而且有更多功能。但是价格为国际品牌的1/4。王麻子在拼多多上取得了巨大成功，在不到六个月的时间内实现了人民币5000万元的销售收入。[250]

大多数公司使用的都是"推式"的供应链管理，也就是首先生产产品，然后将产品通过渠道推向市场，而拼多多正在用"拉式"的逻辑进行实验。它用算法来预测用户的需求和他们愿意支付的价格。然后与当地品牌合作设计和开发符合用户需求的产品。越来越多的中国公司正在与拼多多合作，而这些国内公司未来很可能会挑战跨国公司。

现在，拼多多拥有7.31亿用户。然而，如此低廉的价格和对消费者的大量补贴，拼多多自己能赚钱吗？与京东和天猫不同，京东和天猫在其平台上的每笔交易都会收取一定百分比的交易佣金。而拼多多直到目前都是主要通过广告收入来赚钱。其商业模式和价值主张使其很难从已经"超级便宜"的销售价格中抽成。尽管拼多多在中国有腾讯和顺丰等强大企业的投资支持做后盾，但任何企业都需要赚钱才能保持可持续发展。投资者当然希望，随着时间的推移拼多多将能够从其庞大的客户群中找到新的收入来源，而无须从根本上改变商业逻辑。2020年第三季度，拼多多终于传来了好消息，当季拼多多的利润为46.6亿元人民币。成立五年后，拼多多终于能够收支平衡。但是，这仅是一个季度而非全年的数据。更重要的问题是，拼多多是否可以继续这样的发展轨迹。

拼多多已在其平台上收集了大量数据。黄峥相信拼多多可以使用这些数据来帮助供应链提高效率。他说："供应链升级将是我们很长时间内的战略重点。拼多多的最终模式是使得上游能做批量定制化生产。"[251] 从这个角度来看，改进产品、降低成本以腾出利润空间应该是拼多多的下一个最重要的步骤。

2020年7月1日，黄峥宣布，他将卸任拼多多的首席执行官一职，同时继续担任董事长。而新任首席执行官是该公司的联合创始人、CTO陈磊。陈磊拥有清华大学计算机科学学士学位，并拥有威斯康星大学麦迪逊分校的计算机科学博士学位。他领导了拼多多分布式人工智能技术的开发。这是一项创新的技术系统，现在已成为拼多多推荐算法的基础架构。由此可见推荐算法将在拼多多的未来中扮演更加重要角色。

本章总结

对高管提出的问题：

1. 你在金字塔底部的潜在市场有多大？你可以为自己的企业设想多少个新的潜在市场？你产品的具有成本意识的消费者所占的百分比是多少？社交电子商务不仅吸引了底层的消费者，而且也吸引了对成本敏感的金字塔中高端的消费者。

2. 社交推荐机制如何能支持你的业务增长？推荐而不是搜索，推广单个产品而不是品牌，"想要"而不是"需要"。

3. 游戏化在与客户互动中扮演什么角色？

4. 如何重新考虑你的客户获取策略？传统电子商务的客户获取是漏斗结构，社交电子商务是裂变结构。

5. 你的物流和整体运营能否为端到端的社交电商提供支持？哪些是弱链接？如何增强它们？

CHAPTER 8

|第 8 章|

直播销售：零售风暴

2014年上半年，淘宝的运营团队开始注意到一种新现象。淘宝平台上的一些店铺与众不同。它们似乎并不依靠淘宝的流量，也不参加淘宝的任何促销活动，但是销售情况却非常不错。数据显示，这些店铺的销售期集中，每月仅集中在一到两天，而其他时间则没什么销量。这些商店独特的销售模式和快速增长吸引了淘宝的注意。研究后发现，这些淘宝店的店主本身是KOL，拥有很多粉丝。她们在微博和其他社交媒体平台上与粉丝进行互动，再把粉丝吸引到自己的淘宝店铺购买。

阿里巴巴学术委员会主席曾鸣说"新东西，也许会迟到，但绝不会不出现。"[252] 他要求淘宝的运营团队时刻观察淘宝平台的情况，关注新趋势。网红直播带货就是在淘宝平台上长出来的、不可避免会到来的"新东西"。

身份各异的直播网红

说起直播网红，大家想到的都是薇娅和李佳琦。实际上中国直播带货的网红有各式人物（见图8-1）。包括企业的CEO，他们可能发现再也不能忽视直播的力量。另一种类型是我们一般理解的直播带货网红"专业人士"，他们不想错过直播风口，有的本身就是从线下销售转型而来。他们发现通过直播可以接触到更广泛的消费者。还有一类网红，他们对销售或直播都不感兴趣。他们只是喜欢谈论和分享他们的兴趣爱好。此外，政府工作人员也加入直播大潮，来推广当地产品和促进地区的经济发展。

图8-1　纷至沓来的各类网红

"CEO们"：通过直播复兴业务

2020年6月11日，网易创始人丁磊可能是这一天地球上最忙碌的人。早上，他的公司在香港联交所第二次上市，他本人在杭州进行了"云"敲钟。IPO对任何企业创始人来说都是最重要的里程碑之一。那么

第 8 章 直播销售：零售风暴

丁磊将如何庆祝自己的重要日子呢？当天晚上，他在网易严选和快手上进行了首次直播销售卖货。想想都觉得赞！还有什么方式比直播卖货能更好地利用上市这一特殊时刻呢？丁磊对于他想销售的商品非常认真。在他直播的三个小时里，从晚上 8 点到 11 点，最初的计划是推荐 22 款产品，因为丁磊讲得太卖力，最后时间到了只推荐了 6 款产品。

丁磊不是第一个尝试直播卖货的中国企业家。4 月 1 日，中国正在从疫情当中缓慢恢复。这一天有些特别，不是因为是愚人节，是几乎每个人的微信朋友圈都能看到一则消息，罗永浩这天晚上在抖音正式开始他的首次带货直播。

罗永浩在中国的企业家中是一个奇特的存在，人们称他为老罗。老罗于 1972 年出生于吉林省延吉市。我们不知道他的学业是否出色，但他高二就辍学了。离开学校后，他做过很多事情谋生，例如卖书、烤羊肉串、干体力活、卖补品。但时运不济，他没有赚什么钱。后来，一次偶然的机会，老罗从一位朋友那里得知新东方学校的英语老师每年可以赚到 100 万元。他心动了。那年，他已经 28 岁了。

高中都没毕业的老罗，报了新东方的英语课，开始苦学英语。几个月后，他认为自己已经准备好当英语老师了。老罗给俞敏洪（新东方创始人）写了封求职信。但是他的前两次试讲并不成功。不随便认输的老罗把俞敏洪堵在办公室前争取到了第三次机会，这次，他通过了。2001 年，高中没毕业、没出国留学过的老罗成了新东方的一名年薪 60 万元的英语老师。由于幽默风趣，老罗在新东方非常受学生欢迎。

在新东方任教六年后，老罗离开学校并建立了一个名为牛博网的博客网站。但牛博网在商业上并不成功。后来，他自己成立了一家英语培训学校，还写了自传，在全国各地发表演讲。2012 年老罗找到了他要全心奉献的事业——锤子科技，要做一款"东半球最好用的手机"。虽然锤子科技一度估值过亿美金。但是锤子手机最终没有成为老罗心目中最好的手机。因为经营不善，负债累累，2019年锤子科技卖给了字节跳动（今日头条和抖音的母公司）。

丁磊直播卖货是为了推广他的网易严选，锤子科技已经卖了，那么老罗卖货是为了什么？为了偿还锤子科技对供应商的欠款。2019年11月，老罗被法院下发限制消费令，当天他写了一封自白书《一个"老赖"CEO的自白》。[253]信中称锤子科技自2018年下半年以来欠下供应商和银行6亿债务，他"不愿意走破产程序让曾经帮助他的债权人失望"，已经还掉了3亿债务的他会"继续努力，在未来一段时间把债务全还完"，何况还可以"卖艺还债，请大家放心"。

这就是为什么老罗在50岁时还尝试进行直播卖货的原因。而有着彪悍人生的老罗，也有一批敬佩他彪悍人生的粉丝。第一次直播带货，老罗一共推荐了22个品牌，累计观看人数超4800万，下单金额超1.8亿元人民币。[254]第一个直播的商品为9.9元10支包邮小米巨能写中性笔，几乎上架秒空。而且在直播的最后，老罗为宣传某剃须刀，刮去了自己的胡子。据说老罗的首场直播候选品牌竞争非常激烈，入选比例为100∶1，对外的报价是60万元/坑位（上架费）。[255]也就是说，直播还没有开始，老罗已经有超过1300万的进账。开始直播卖货后，老罗预估，一年半可以还清债务，之后还可以考虑把锤子的品牌买回来。[256]

如果说老罗不符合典型中国CEO的形象，那么全球500强公司格力的董事长兼总裁董明珠女士，就是一位受人尊敬的CEO。董明珠1954年出生于南京的一个普通家庭。1975年董明珠大学毕业，在化学研究所担任行政职务。1984年，儿子两岁时，董明珠的丈夫去世了，她独自一人抚养儿子。1990年，36岁的董明珠决定离开自己相对稳定的生活，搬到澳门附近的珠海，进入格力集团工作。董明珠刚进格力是最基层的业务员，但是她以特有的毅力为公司追回了42万元的巨额债务，引起了当时总经理的注意。1992年，董明珠的个人销售额达到了1600万元，占整个公司总销售额的1/8。1994年，格力电器遇到财务困难，董明珠被一致选举为经营部部长。在她的领导下，格力成为中国第一大空调制造商，这一地位持续了多年。董明珠于2007年成为格力的CEO，2012年开始担任董事长。2015年，董明珠在61岁的时候，带领格力电器跻身世界500强公司之列，格力电器成为全球第一的家用电器厂商。格力生产各种类型的空调和小型家用电器。到2019年，格力有88 846名员工，收入为1980亿元。[257]

开始直播带货时，董明珠已经67岁。2020年6月1日，她直播卖出了价值65.4亿元的产品。[258]这已经是她的第四次直播带货。董明珠在当年4月就与抖音合作直播卖货，但是因为缺乏经验和网络连接问题，第一次尝试并不成功。销售额仅为23万元。[259]除了格力的董明珠，2020年5月17日，蔚来汽车的创始人李斌也在淘宝上进行了40分钟的直播，收获了320台汽车订单，以及5288个试驾预约。[260]对于企业家直播带货来说，2020年真是非常热闹的一年。

在疫情的冲击下，中国不少的企业家甚至要依靠直播带货活下去。疫情期间，林清轩（新崛起的中国本土化妆品公司）157家门店歇业，账上的钱仅够活两个月。CEO孙来春不得已在淘宝上开始直播卖货。出乎意料的是，第一次就有6万多人观看，卖了近40万元山茶花油。孙来春为此给淘宝工作人员写了一封感谢信，"在这个至暗时刻，（淘宝直播）给了我希望的微光"。

"专业带货网红"：疯狂的销售

老罗在抖音直播卖食品日用品的同时，另一位网红主播——薇娅，正在她的淘宝直播间卖火箭发射服务。没错你没看错，就是火箭，不是玩具，是那个能上天的火箭。"快舟火箭发射服务"，原价4500万元，直播优惠价4000万元，在线支付50万定金就可以预定该服务。产品链接上架后，瞬间有800多人拍下定金。直播购买链接上架几秒后，就显示已拍完。[261]令人惊叹，还有什么是直播不能卖的！

除了薇娅，2019年最红的直播卖货网红，当数李佳琦。李佳琦被称为口红一哥，据称2019年赚了2亿元佣金。相比之下，超过60%的中国上市公司的利润都比李佳琦的低。[262]在淘宝做直播之前，李佳琦是江西省南昌市欧莱雅化妆品专柜的一个BA（beauty advisor，美妆顾问/专柜柜员）。2016年，欧莱雅和一家MCN机构推出"BA网红化"的活动，李佳琦参加并且脱颖而出。2018年"双十一"，李佳琦和马云PK直播卖口红，完胜马云，自此就获得了"口红一哥"的称号。

薇娅和李佳琦为什么如此成功？他们的秘密是什么？首先，他们对自己销售的产品或产品类别非常了解。在直播卖货之前，薇娅在服装零售领域有15年的经验，而李佳琦曾经是欧莱雅的美妆顾问。其次，他们也非常了解自己的客户，知道如何向目标受众销售产品。在直播卖货之前，他们在实体店的销售就已经非常成功。他们是优秀的销售员，可能本来就有销售的天赋。尽管他们的风格截然不同，但他们都得到了粉丝的信任。薇娅的粉丝主要是女性，她们为自己和家人购买各种各样的产品。薇娅就像一个邻家的姐妹，她以最好价格帮助她们找到好的商品。李佳琦的粉丝是想变美的年轻女孩。李佳琦会在他直播中说，

"ChanelN°116让你瞬间从翠花变身索菲亚",并告诉他们"买它"。"买!""买!"谁能抗拒这样魔性的声音?战斗甚至在开始之前就结束了。即使是直播卖货的CEO们,也会与专业网红主播合作,以帮助促进销售。

薇娅和李佳琦都是全国性的网红主播,全中国的粉丝们都在看他们的直播并购买他们推荐的产品。但是,中国太大了,截至2019年,中国有672个城市和21 297个城镇,并且不同的省份城市差别很大,这为地方网红主播留下了机会。[263]宋超是一位地方网红主播,活跃在他出生并且生活的江苏省徐州市。他经营着15家线下商店,销售高折扣产品,例如两折出售积压的Paul Frank服装。从2011年开始,他要求员工添加每一位进入商店的客户的微信。2020年初,新冠肺炎疫情暴发,几乎所有线下商店都关闭了,宋超的15家商店也不例外。他别无选择,只能尝试将其业务从线下转移到线上。他开始直播卖货。

宋超建了8000多个微信群,用于管理和服务他的50万粉丝。每个群的成员不超过80个。他的24名员工用100多部手机管理这8000多个微信群。宋超会事先在微信群宣布他将在直播中出售的产品以及价格。在直播开始之前,他向每个微信群发送直播链接。客户点击链接就能观看直播,并且可以随时通过微信私下询问员工任何问题。宋超要求其员工在一分钟内回答客户的问题,并且要用徐州方言,以使客户感到亲切。宋超每月做三到四场直播,这个频率可以确保所有客户在上一个直播中购买的商品已经收到,并且没有售后问题。在直播中,他曾经在两个小时内售出了价值400万元的Sulwhasoo产品,相当于一家线下商店150天的销售额。[264]

"我是土生土长的徐州人,我太了解徐州当地老百姓喜欢消费什么,喜欢哪些牌子,哪些牌子卖得好,哪些东西好吃,我知道徐州的老百姓更需要什么。"[265] 宋超是众多地方网红主播当中的一个，只专注于自己所在的城市。

网红主播迅速崛起，许多影视明星也加入了直播带货的行列。淘宝签下了刘涛作为"优选官"。第一次直播，刘涛在三个小时内卖出了价值1.48亿元的产品。[266]

"黑马"：爱好者的崛起

包先生（本名梁韬）以其时尚感和对包包的独特见解而著称。他是位KOL和博主，有超过700万社交媒体粉丝（见图8-2）。[267] 在成为网红主播之前，薇娅和李佳琦本身就是销售人员。包先生则不同，他在纽约哥伦比亚大学学习国际关系。他的特别之处在于他热爱包包，并花了很多时间研究各种各样的包。当中国人想买爱马仕或者其他品牌的奢侈品包包时，因为语言问题或者时间问题，他们无法进行深入的研究，因而很难决定要购买哪个品牌哪款包包。包先生觉得他可以教育消费者，并为他们提供有用的建议。于是他开始撰写各种有关包包、品牌、设计和最新趋势的文章。

图 8-2　包包爱好者

第 8 章 直播销售：零售风暴

他开通了微博和微信公众号，后来还开了小红书，传播他的时尚知识。所谓生而逢时大概如此，中国人对奢侈品包包的热情高涨，使他很快成了新兴富裕消费群体的信息和知识来源，人们从他那里获得深入的趋势分析和建议。包先生很快引起了国内外中国读者的广泛关注。诸如 LV、爱马仕、香奈儿、迪奥和 Gucci 这样的奢侈品牌都注意到了他的专业知识以及他在粉丝中的影响力，并开始与他合作。2018 年，Tod 和包先生推出了联合品牌的手提包 Wave 萌犬背包。这款包在包先生的微信小程序"包铺"中，300 个限量版在六分钟之内售罄，每个包价值 10 800 元。Strawberry 和纪梵希也与包先生推出了联名的限量版包包，并取得了巨大的成功。

包先生和口红一哥有根本的不同吗？当然有，包先生不仅直接与奢侈品牌合作，而且还与奢侈品牌共同设计自己的联合品牌。他的包价格超过一万元，而口红最多几百元而已。

包先生并不是个例，他被评为最具影响力的时尚博主第三名。另一个互联网时尚博主叶嗣（也称为 Gogoboi）有 700 万粉丝，与 LV 合作。[268] 有传言称，他的品牌推介费高达 10 万美元。第四位最具影响力的时尚博主 Li Beika 与包先生类似，没有经过正式培训，只是出于一种兴趣和爱好。她告诉中高收入阶层的读者应该把钱花在哪里。Gucci、香奈儿、祖·玛珑等品牌都渴望与她合作。尽管时尚品牌可能会抱怨成本高，但包先生、Li Beika 和 Gogoboi 的价值不只是谈论最新的时尚品牌产品，他们还能影响和说服消费者那些奢侈品值得他们拥有。

尽管美国有 Chiara Ferragni 和 Kylie Jenner 这样的网红，但他们的粉丝大多在 Instagram。而中国新一波的媒体红人则在中国的数字领域建立了很多帝国，并通过微博、微信和抖音等众多平台讲述他们的故事。

"官员"：了解数字游戏的政府工作人员

2020年，突如其来的疫情，让另外一部分特殊的人群也加入了直播。2月19日，拼多多开启"农货产销对接"活动，许多政府工作人员加入。浙江衢州市市长汤飞帆这一天上线，在拼多多上为53万消费者讲解衢州椪柑的历史和吃法。全国最大的菠萝生产区广东徐闻县县长吴康秀则在直播带货菠萝。当天，徐闻的菠萝销量近25万斤，衢州椪柑销量超过21万斤。[269] 仅在3月15日一天就有超过100位县、市长在淘宝直播，为数千款因为疫情滞销的当地特色农产品代言促销。[270]

湖南安化县，山多田少，是中国著名的"中国黑茶之乡"。全县有110万人口，36万人靠黑茶谋生。47岁的陈灿平是安化县的副县长，从2018年就开始发抖音短视频，为茶农做推广。粉丝有十几万。疫情期间，经销商没法进山区进货，茶农的茶叶卖不出去。茶叶卖不出去，茶农就没有收入，愁眉不展。陈灿平想到了直播。2020年3月1日，陈灿平开始了直播，当天最多有2500人观看。此后，他几乎每天都做直播，抖音、京东、天猫、拼多多，各家平台都上，还会私信一些粉丝众多的大V帮忙一起推广。4月3日，在抖音的一次直播活动中，一晚上卖了255万元黑茶。现在，陈灿平是著名的网红县长，也是安化茶农的希望。[271]

现在，如果你打开淘宝、京东和拼多多的App，很多店铺都在做直播，甚至有不少农民主播介绍自己店铺的农产品，并推出一些优惠促销活动。越来越多的人加入直播卖货的行列。

直播格局：电商 vs. 短视频

电商平台自然是直播带货生长最好的土壤。最早做直播+卖货的就是淘宝。2016年3月淘宝开始试运营直播模式，邀请了一批主播入场，开始了前期流量的缓慢积累，薇娅就是那个时候加入淘宝直播的。2018年，淘宝启动"超级IP"计划，鼓励主播从淘宝外部吸引流量。2019年淘宝直播App正式独立上线，不再作为淘宝内部的一个功能模块。2019年的"双十一"，淘宝直播带来200亿交易额，占当天淘宝总交易额的7%。[272] 有超50%的天猫商家通过淘宝直播卖货。[273] 2019年，直播开始大火，拼多多和京东也开始布局。京东宣布至少投入10亿来推出红人孵化计划。

电商只是直播格局中的一部分。在抖音上，李佳琦两个月吸粉1400万。[274] 除了电商平台之外，另一类杀入直播带货的是以抖音、快手为代表的短视频平台。

快手：记录世界，记录你

1982年出生在湖南农村的宿华，快手的创始人之一，也是一个学霸。2000年考入清华大学软件学院，读完本科之后硕博连读最火的软件工程专业。但是宿华没有按照原计划读完博士，读完硕士就退学了。据说是因为当时北京飞速上涨的房价，让宿华觉得读再多书买不起房有什么用！硕士毕业的宿华进入了谷歌，两年半之后离开谷歌开始自己创业。

宿华的第一个创业项目是做网站的视频广告。视频广告现在习以为常，但是在那个时候还是新事物，接受的人不多，再加上2008年金融危机，宿华的第一次创业就这样失败了。在接下来的一年中，宿华做了好几个项目，继续创业着并且失败着。后来他终于放弃了，进入了百度担任凤巢的系统架构师。放不下创业的宿华两年后又离开了百度，再次创业，做了一个和搜索引擎相关的公司，后来被阿里巴巴收购，宿华也实现了财务自由。买房子不再是他的困扰，但是宿华也开始了新的迷茫，下一个创业方向在哪里？

2013年宿华认识了GIF快手的创始人程一笑，两人一见如故，相聊甚欢，决定合作。将GIF快手重组为快手，宿华任CEO，程一笑负责产品。快手的定位是普通人记录和分享自己生产、生活的平台。快手的用户是"小镇青年"，人们可以在快手上用短视频记录自己生活的点滴。从人的本性上，每个人都需要被看到、被喜欢，所以他们有愿望记录自己并且发布在快手上。快手从一开始就用智能算法，推荐用户可能想要看到的视频。两年之后，快手迎来了增长的暴发期，用户在八个月的时间从1亿涨到3亿。2020年，快手的DAU已经达到3亿。

快手2017年开始做直播，收入来自粉丝在直播中给主播的打赏礼物和直播带货。和快手的定位相匹配，快手上的主播也大都是草根出身。快手上粉丝排名前几的主播，例如散打哥、辛巴、二驴、本亮大叔，本身就是三四线城市的蓝领打工族或者农民，靠在快手上发短视频和粉丝互动一步一步红起来。

逐渐地，这些主播开始收徒弟，并建立自己的家族。

但是，每个硬币都有两面。随着粉丝越来越多，家族越来越强大，影响力越来越大，快手平台与主播之间的关系变得越来越复杂微妙。一方面，快手依靠主播来吸引流量、出售商品获得收入；另一方面，快手想避免与主播相关的任何潜在风险。2020年11月，主播辛巴的徒弟时大漂亮直播销售一款即食燕窝。不久，消费者发现燕窝只是糖浆，成本只有几块钱。这个事件很快在网上发酵。辛巴被罚款 90 万元。这一事件也严重影响了快手的声誉。此后，快手把辛巴的账户禁用 60 天。

问题不仅如上。顶级主播粉丝众多。2019 年，辛巴的带货金额在快手的总 GMV 中占 30%。当少数主播垄断平台粉丝时，新主播就很难有机会突破。新主播和机构就不愿在快手开户。有时候，两个主播家族之间的竞争，甚至会使得普通网民在平台上对抗，给平台的监督和协调带来了额外的压力。因此，在与家族保持合作的同时，快手开始削弱他们的权力和过大的影响力。快手邀请企业家、明星以及专业机构在快手开户，培育和发展多元化的生态。快手的策略颇有成效。2020 年上半年，辛巴的直播带货份额下降到 6%。

2021 年 2 月 5 日，也就是农历春节前夕，快手在香港上市。上市首日，股价几乎翻了三倍，市值接近 180 亿美元，成为仅次于腾讯、阿里巴巴、美团和拼多多的第五大中国互联网上市公司。[275]

抖音：记录美好生活

说到抖音，不得不先讲一讲张一鸣和他的今日头条。张一鸣，1983 年出生，福建龙岩人，和美团的创始人王兴是同乡。2001 年考入南开大学微电子专业，后来转到软件工程专业。2005 年毕业后，张一鸣就开始了他的创业之旅。第一次创业是组建团队开发企业的协同办公系统，以失败告终。2006 年，张一鸣加入旅游搜索网站酷讯，负责酷讯搜索的研发。在酷讯工作时有一件事，对张一鸣影响很大。当时张一鸣想要订一张回家的火车票，那时候还没有抢票软件，网上买票很难。张一鸣自己写了一个小程序，根据买票的需求上网站自动搜索车票，这个办法让他半个小时就买到了火车票。这引起了他的思考，如果客户有信息的需求，而机器能及时有效地发现这些信息并推送给客户，这肯定是个好生意。

2012 年，移动互联网蓄势待发。张一鸣成立了字节跳动。8 月份，今日头条——一款智能内容分发平台问世。今日头条的特点是为用户提供最个性化的阅读体验。今日头条的机器学习算法可以根据用户的阅读习惯，推荐定制化的内容，包括文章、视频和广告。第一次使用今日头条的用户看到的是一般性内容，用户可以对看到的内容点赞、点踩、评论或转发。机器学习算法会记住用户的选择、阅读时长、阅读习惯和兴趣。用户越多使用今日头条阅读，机器就能够越准确地判断，推荐的内容就越贴近用户需求。事实证明今日头条很受欢迎。上线 90 天，就获得 1000 万注册用户。到 2019 年 6 月，月活达到 2.6 亿。[276]

今日头条上的数据显示，用户使用短视频的时间越来越长。2016 年，字节跳动开始进入短视频领域。字节跳动的做法是地毯式孵化。一下子推出了火山小视频、西瓜视频、抖音三款产品。这三款产品也都遵循今日头条的逻辑：个性化推荐。和快手不同，抖音的用户集中在一二线的主流城市。2019 年 11 月易观数据统计，移动短视频 App 榜单中，抖音、快手、分别以 5.30 亿、4.25 亿的月活用户规模占据第一、第二，西瓜视频和火山小视频排名第三第四。[277] 排名前四的短视频平台中，除了快手都属于字节跳动。

一直到 2019 年，字节跳动的收入差不多七成都来自广告。找到一个强有力的商业变现模式对字节跳动至关重要。抖音在 2018 年就入局直播带货，但是一直缺少像淘宝直播中薇娅、李佳琦和快手辛巴这样的网红主播，直播带货进展非常缓慢。直到 2020 年，抖音重拳出击签下了罗永浩，高调进攻直播电商。抖音和快手相似，直播销售的商品几乎都来自阿里、京东等第三方电商平台，用户购买时跳转到第三方平台成交。但是在罗永浩的直播间，有小小变化：用户不知不觉地第一次在抖音小店（抖音的自营电商平台），完成了交易流程。

在2020年的"双十一"期间，抖音的GMV达到187亿元，是2019年全年GMV的200%。[278]

快手比抖音早三年成立，但抖音的流量却后来居上。从根本上讲，抖音和快手非常相似：人们在忙碌的一天当中，可以利用碎片时间刷短视频。但是二者有一些区别。快手的用户以低线城市为主，视频内容有些粗糙，不精致。抖音从一开始就以一线和二线城市的年轻人为目标群体。抖音的短片看上去制作精美，而且人物经过滤镜修饰看起来很漂亮。快手的用户参与度更高，更像一个社区，用户既是受众又是参与者。而抖音的用户则追求最新时尚趋势。从这个角度来看，快手比抖音更具黏性，这为直播带货打下了良好的基础。

到2020年，中国的直播电商基本形成了淘宝、快手、抖音领先的格局（见图8-3）：2019年，淘宝直播GMV约2500亿元，快手400亿～500亿元，抖音100亿元。京东和拼多多正在奋起直追。直播卖货，短视频平台和电商各有优劣。短视频平台是现成的直播平台，有高频的流量。就日活来说，抖音4亿，快手3亿，淘宝2.5亿，拼多多2亿，京东5000万（见表8-1）。[279]众所周知李佳琦当年就是借助抖音短视频收获了大批粉丝而走红，为自己的淘宝直播带来了流量。短视频平台在流量上有优势，但是后端还缺供应链、售后等配套服务，这些劣势是传统电商的优势。所以现在短视频平台还在和电商大量地合作，同时也在搭建自己的供应链体系，但是这需要时间。2020年，微信也推出了自己的短视频功能，用户可以申请短视频账号，发布短视频并且在微信上分享。腾讯正式入局，有望成为强有力的竞争对手。

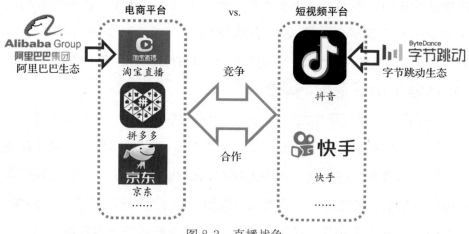

图 8-3　直播战争

表 8-1　直播平台

	淘宝直播	快手	抖音	拼多多	京东
GMV 2019（亿元）	2 500	400～500	100	—	—
GMV 2020（亿元）	4 000	3 816	5 000		
DAU（百万人）	250	300	400	200	50

不仅仅是中国的游戏

美国也有直播平台，例如，YouTube、Instagram、Twitter、Facebook 等都具有直播功能。但是，这些平台上被直播吸引的观众很少（游戏直播除外）。在 2019 年，亚马逊还推出了 Amazon Live，但同样，播主和观众也很少。亚马逊的消费者通常具有更传统的电子商务思维方式，他们知道自己想要什么，并使用直接搜索来查找特定产品，然后下单，完成。他们没有时间在平台上闲逛或观看直播。

第 8 章 直播销售：零售风暴

美国也有网红，例如，在旅游、饮食和美容领域有许多博主，但他们的内容仍然主要基于文本、图形和视频。网红的收入也主要来自广告费和平台佣金。在美国，既有网红也有直播平台，但少有网红进行直播销售。

"网红"涵盖的范围很广。博主或播主都是网红。在中国，图文和短视频博主和直播带货的播主很不相同。博主们分享他们的生活方式，这是普通网民梦寐以求的。博主的意见会影响他们的粉丝，并间接地推动品牌销售。然而，直播网红是超级推销员。他们在线下店里就是超级卖家，到了线上就是直播带货网红。薇娅和李佳琦都在线下培养了多年的销售技巧。直播帮助他们能够覆盖更广泛的受众并建立更大的粉丝群。当然，淘宝和 MCN（多频道网络）通过提供平台和专业化在线销售概念，也为他们的成功做出了贡献。网红带货在中国很成功，在国外能否也复制同样的模式呢？

最近，TikTok（抖音的海外版本）的国际扩张给人们带来了关于在其他国家发展网红带货的新思路。TikTok 出现在全球许多国家和地区的前 20 名免费 App 中。2020 年 5 月，负责迪士尼流媒体业务的高管凯文·梅耶尔（Kevin Mayer）出任 TikTok 的母公司字节跳动的首席运营官，并负责推动其全球发展。然而，事情很快就发生了变化，中美之间的摩擦日益增加，特朗普宣布：他打算在 2020 年 7 月禁止 TikTok。短短的两个月后，凯文·梅耶尔就离开了字节跳动。TikTok 在印度已经被禁用。好消息是，2020 年 12 月，沃尔玛在 TikTok 上举办了首场直播购物活动。2021 年 6 月 9 日，美国总统拜登撤销了特朗普政府对 TikTok 的禁令。

网红直播带货的背后

谁在买

截至 2020 年 3 月,中国网络购物用户达 7.1 亿,观看在线直播用户为 5.6 亿人,[280] 其中电商直播用户达 2.65 亿,占网购用户的 37.2%,占直播用户的 47.3%。[281]

- 从年龄上看,直播电商的用户中,85 后是主力军,占到 80% 左右,一半左右都是"90 后"。

- 从分布上看,二线城市用户最多,占 1/4 以上,其次是三线城市,占 20% 左右,来自北上广深的超一线城市用户最少。[282]

- 从性别角度来看,直播销售的消费者由女性主导。李佳琦的粉丝中有 91% 是女性,薇娅的粉丝中有 61% 以上是女性。[283] 人们称之为"李佳琦的女孩"和"薇娅的女人"。

图 8-4 表明,网红带货似乎是由来自低线城市和乡镇的年轻女性推动的。她们通常会认真考虑价格,也有时间观看直播,最重要的是,她们享受这种新的购物体验。她们的收入水平相比一二线城市的人可能不高,但是她们也不必承受高得吓人的房价,压力小。所以,她们反而有一定的可支配收入供消费。

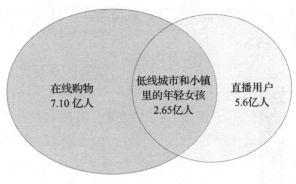

图 8-4　直播电商用户

网红卖货，到底卖什么

虽然薇娅在直播间卖火箭，卖汽车，但这些产品更多的是赚眼球。薇娅直播间销售最多的还是快销品，例如化妆品、食品、3C 数码、衣服、珠宝等。直播销售的品类似乎高度集中。WalktheChat 的分析显示，2020 年 6 月和 2020 年 7 月，化妆品、食品和家用电器占抖音前 100 KOL 广告总 GMV 的 90%。

对于需要视觉演示和生动说明的产品类别，使用直播销售的转换率往往更高。根据一项研究，消费者观看了直播之后，转换率提高了 66%。[284] 对于小品牌或不知名的品牌，直播可以帮助消费者建立认知。

根据薇娅和李佳琦 2020 年 3 月带货记录，薇娅推销商品的平均单价为 78 元，李佳琦 74 元。[285] 罗永浩第一次抖音直播带货，尽管他推荐的产品中有价格为 4999 元的小米手机，但是整场单品的平均价格也只有 197 元。[286] 李佳琦销售的第三方产品，其中包括欧莱雅、联合利华和宝洁等国际品牌，以及百雀羚等国内品牌，还有花西子等新的曾经鲜为人知的新晋品牌。而且，我们要记住，即使直播主要发生在像抖音和快手这样的短视频平台上，销售大部分还是发生在传统电商平台上，例如天猫和京东（见图8-5）。

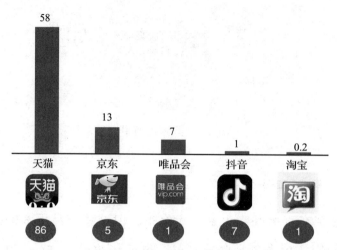

图8-5 排名前100位的抖音KOL在不同平台上产生的GMV（百万美元）
资料来源：https://walkthechat.com/what-did-we-learn-studying-douyins-100-top-performing-e-commerce-campaigns/。

对于品牌来说，对直播想必是又爱又恨。毕竟网红直播能够让品牌在短时间内获得大量的曝光，2020年3月5日，李佳琦一场直播5200万人观看，而且相当部分都是精准的目标人群。销售数字也非常诱人，一晚的销量可能上千万元。但这只是硬币的A面，硬币的B面是什么？高昂的坑位费，头部网红的坑位费都是几十万起；大比例的佣金，佣金20%~40%不等；再加上低价，越是头部的网红要求品牌给的价格越低，对于有些产品可能就是半价。此外还有一块不容忽视的成本，那就是退换货，尤其是服装这样的品类，退换货可能高达30%。所有这些成本加起来，可能绝大多数直播商品都是赔钱赚吆喝。

所以对于品牌来说，通过一场直播赚钱并不是可靠的诉求。那如果不是为了赚钱，品牌为什么要请网红直播卖货呢？品牌的目的之一，是提高品牌/商品的曝光度和影响力，为线上店铺引流。尤其是一些新的品牌，通过与定位人群匹配的网红合作，集中带货1～2款具有爆款效应的单品，能够帮助快速形成好的市场口碑。例如国货品牌花西子，就是靠深度绑定李佳琦火起来的。2019年"双十一"，李佳琦在直播间卖了70多万盒花西子蜜粉，"双十一"开场1小时后成交额破亿。[287] 通过李佳琦，花西子成为天猫美妆前10中罕见的国货品牌。另外一个例子是主打低价策略的完美日记，主要靠小红书上KOL的传播分享红起来。通过与网红合作，在美妆、食品饮料、小家电等领域有不少新的品牌迅速崛起。品牌的另一诉求是"去库存"。通过一场场直播，以较低价格快速消化一些长期积压的库存商品。

直播卖货如何颠覆供应链

与李佳琦不同，薇娅拥有自己的工厂。薇娅自己工厂的销售额占到总销售额的30%以上。像薇娅这样的主播，工厂一天做出3万条裙子，她们一个晚上就卖完了，第二天需要上新款。淘宝直播的兴起对于传统服装的供应链提出了很大挑战。传统的服装厂，一年做几个爆款。国际快时尚品牌Zara的效率比传统时装要高出很多，但是从设计到生产也要2～3周的时间，这与直播每天出新款的效率还是没法比。现在直播间里每天都上新，工厂半天就得做出样衣，主播边卖边统计订单，直播一结束，就向工厂下单，工厂快速生产和交付。"一个主播每场直播基本要上40款，一个月播20场就是800款，十个主播就有8000款。"每个月上新款式的数量超过16万。[288] "多款式、小库存"的特点，对供应链的速度提出了很高的要求。

服装的设计、生产，主播选货、卖货，物流出货，库存消化，环环相扣。新款的生命周期只有一个月，一个月卖不完，就滞销了。为了确保供应链稳定，不少网红都搬到离供应链最近的地方，在那里完成选货——直播——卖货全过程。距离杭州200公里不到的浙江省常熟市，是中国著名的纺织服装流通集散中心，搭乘直播电商的东风，成了淘宝、快手等直播的服装供应链首选。在常熟，许多工厂最开始给其他的主播供货，后来很多工厂的老板娘干脆直接自己做起了淘宝直播，没想到效果还不错。慢慢地在常熟就形成了一个生态，不但聚集了来自全国各地的品牌，还开始自己孵化网红。除了常熟，杭州、广州等地都有成规模的服装供应链基地，基地里有工厂、有主播，整个电商直播的全流程都可以在这里完成。

2019年底，薇娅也成立了自己的供应链基地，位置就在杭州阿里巴巴的园区内。这座两层的办公大楼总面积约为10 000平方米，被改造成了一个大型选品场地，设置了众多专柜和货架，和购物中心非常相似。基地邀请商家入驻，展示自家商品。这个基地不只为薇娅服务，还服务所有有需求的主播。这个基地预计能容纳上千个品牌，数万个SKU（最小存货单位），包括美妆、食品、服饰、配饰、鞋包等直播当中常见品类。基地可以帮助主播更快找到适合自己的货，帮商家匹配主播。主播在基地里可以完成整个过程，包括直播。

网红孵化

薇娅所属的公司叫谦寻（杭州）文化传媒有限公司。谦寻的董事长是薇娅的老公。谦寻旗下除了薇娅，还有30多个主播，是一家典型的MCN。MCN是连接网红、商家、平台，并提供培训等资源的中介机构。只有非常头部的网红才有实力直接对接商家，大部分的中小主播需要依靠MCN。

2019年以来，MCN爆发式增长，全国涌现出近7000家MCN机构。[289] 2015年成立的如涵是中国最早、也是第一家上市的网红电商公司，2019年4月在美国纳斯达克上市。张大奕是如涵旗下最出名的网红。但是，如涵上市当天股价就破发。人们似乎并不看好如涵的商业模式。如涵的业务主要涵盖红人经纪、电商业务、广告服务三大块。如涵虽然已经签约了150多个网红，但是张大奕一个人贡献的收入仍然占到一半以上。新网红的孵化打造并没有那么容易。

就这样，网红、直播平台、品牌、供应链、MCN共同打造了中国的网红带货生态。

但是，网红并非都可以成功带货，也有著名主持人直播卖貂皮大衣，厂商支付了80万元的坑位费，但连一件大衣都没卖出去。由此可见，真正让人们掏钱买东西的不是网红的身份或直播这个工具，而是：

（1）**低价、低价、低价**！重要的事情说三遍。直播带货，真正的核心竞争力是性价比。抖音的热销商品中，最热销商品的价格是1～50元，其次是50～100元，100～200元。85%的商品价格都低于200元。[290] 越是有影响力的网红，越能够从厂商那里拿到好的价格。网上价格如此透明，消费者可以在淘宝、天猫、京东随便选择，为什么要在主播那里买？只有一个答案，便宜。这一点和社交电商是一样的。在一项关于直播购物的原因的调查中，排在前五的原因从高到低分别是：

①商品的性价比高。

②展示的商品很喜欢。

③价格优惠。

④限时限量优惠。

⑤主播突出地说明了商品的价值。

其中三项都和价格相关，只有两项和商品本身相关。李佳琦曾经有一次在直播中发火，要求他的粉丝马上去退货，就是因为厂商给他的竞争对手薇娅的价格比给他的便宜5元。网红卖货的秘诀是商品性价比。

（2）信任、信任、信任！薇娅和李佳琦推荐的产品之所以有那么多人买，是因为粉丝认为他们推荐的商品"闭着眼睛买，没错"。这个信任当中包含着对网红主播本身的信任，和对他们选品、议价能力的信任。从直播选品，到活动规划，到结算，到物流，到售后处理，任何一个环节处理不好，都会出问题。消费者在网上的口碑轰炸能够瞬间把网红主播拉下神坛。每一个成功的网红主播，背后都有一个优秀高效的团队在运营。薇娅有一个大约500人的团队服务于她。他们有的负责选品，有的负责招商，也有售后，流程严谨，团队成员各司其职。每天，薇娅的团队会收到1000多种产品的报名，团队会盲选出200～300种提交给薇娅，然后薇娅一定会自己试用或者试吃，觉得好才会在直播中推荐。薇娅的工作强度非常大，整个2019年365天，薇娅直播超过350场，每场三四个小时。她的每一天是从下午开始，下午四点起床，用餐后准备开播；七点半开始化妆，八点开始直播，通常在深夜12点结束；然后和招商团队开会，试用新品；第二天清晨六七点下班，吃早餐，然后开始睡觉，周而复始。如此这样疯狂的工作方式，薇娅才能确保产品的质量、价格对粉丝最优惠，才赢得了粉丝在她的直播间毫无顾忌地买买买。粉丝的信任如此之重要，网红主播对待粉丝奉如至宝，丝毫不敢怠慢。老罗在他的一次直播中，推荐了一家鲜花电商的玫瑰，希望粉丝能过个甜蜜的520。没想到用户在收货后发现玫瑰出现了严重的蔫萎，大失所望，纷纷投诉。老罗马上发出道歉信，并且要求商家全额退款给消费者。此外他本人还自掏腰包100多万人民币额外补偿一部分现金给消费者，才算留住了这份信任。

（3）品牌和企业自播。网红主播卖货给品牌带来了很大挑战。网红主播拥有消费者，而非品牌！这对品牌来讲，绝对不是什么好事。长此以往，网红主播议价能力越来越强，将拿走产品价值中的更多部分——那些原本属于品牌溢价的部分。品牌将沦为网红的"代工厂"。所以我们也看到一些嗅觉敏锐的品牌早就开始做自播。2012年成立的三只松鼠，是典型的"淘品牌"，也就是纯粹依靠淘宝等电商发展起来的品牌，主营各种零食。因为一出生就是互联网品牌，三只松鼠对电子商务和新型零售的风向格外敏感。从2018年开始，三只松鼠就与李佳琦和薇娅合作，后来又开始自己做店铺直播。到2020年6月，三只松鼠天猫旗舰店有超过4000万人关注，天猫店铺粉丝数排名第一（薇娅店2700万，小米3100万，耐克、阿迪达斯2800万）[291]。三只松鼠有自己的主播，几乎每天都在天猫、京东以及其他一些直播平台同步直播。少则几千人观看，多则上万。相比请专业主播带货，企业自播的优势显而易见：不需要坑位费，没有佣金，价格由自己决定，因此成本低很多，而且还可以配合自身的营销节奏和其他的营销渠道。当然，和网红主播的培养一样，企业自播也需要有一个较长的粉丝培育期。企业自播还有一个巨大的好处，生产和消费的距离前所未有地近。直播间可以就放在工厂。自播不但节省了很多不必要的中间环节，还可以节省时间和相关费用。通过在直播间里和粉丝互动，获得对于商品的实时反馈，对于企业改进产品和服务也有巨大的价值。

　　显然，对于品牌而言，网红直播销售的现象不仅改变了品牌与顾客互动的方式，而且正在改变他们的商业模式。品牌不再拥有和客户的接触点，而网红日益赢得了宝贵的屏幕时间和用户的关注。人们通常认为数字革命，无所不在的平台和生态系统会"淘汰中间人"，但我们看到，网红带货恰恰是零售业正在发生着的相反情况。毫不奇怪，由于信息过多，并且人们几乎可以随时得到世界上所有信息，因此客户必须要寻找可信赖的"筛选器"。于是，直播网红成了中间人，比起品牌过去使用的、传统价值链当中的中间人，他们更加强大，能撬动更多消费力量。一种新的代理人在零售商业模式中出现。

这还不是新型零售故事的结局。在本章中，我们讲述并分析了零售商业模式中的重要新角色，例如薇娅和李佳琦。在下一章中，我们将认识中国零售业如何达到了一个完全不同的水平。我们发现了含蓄的和高度复杂的新角色的出现，从而将零售从商业转变为艺术。零售甚至不再是关于"卖"，零售超出了零售的界限。

本章总结

对高管提出的问题：

1. 直播如何在你所在的地区和行业中扮演（或不扮演）角色？主要竞争对手在做什么，你所在地区领先的相关平台是什么？

2. 如果要在你所在的地区进行直播实验，你将选择哪种产品类别，提供什么样的价格，你将考虑使用哪些潜在的网红，以及你将选择哪个平台？

3. 直播可以给你和你的客户带来什么好处？

4. 你是否拥有或可以借/租相关电子商务生态系统来支持你的直播工作？

5. 你是否拥有或可以使用相关与电子商务平台链接的直播平台进行直播工作？

CHAPTER 9

| 第 9 章 |

终极体验销售：当艺术家遇到电商

到目前为止，我们在本书中介绍的所有新型零售模式（包括美团、盒马、拼多多和直播）都是以产品为中心。李佳琦虽然对化妆品行业有非常多的知识，但是他的方法仍然是以产品为中心。包先生也是同样。他们出售的产品可以满足人们的物质需求。

在本章中，我们将介绍一种艺术家与电子商务相结合的模式。这里的主角都是优秀的艺术家，他们充满激情，都有非凡的才华。他们开始在网上分享自己对自然、生活的热爱，进而利用自己的独特才能，在各种社交媒体吸引粉丝。从表面上看，他们没有推销任何产品。但他们描绘的正是粉丝所向往的生活方式。

梦中的香格里拉

随着中国经济和社会的发展，人们不可避免地越来越担心大城市的环境污染。除了对环境的关注外，城市居民（尤其是一二线城市的白领）还面临来自竞争、工作和经济状况（例如房价上涨）的巨大压力。工作与生活之间是否存在平衡？马云对"996 工作文化"的评论就曾经在网上引起热议。人们有放下压力回归自然的选择吗？似乎并没有，至少在当下的环境中，这个选择对大多数人并不存在。

当人们的收入增加，进入中产阶层或更高阶层后，随着物质上的需求不断地被满足，人们在精神上会感到空虚，更加向往纯净而简单的事物。仅仅是干净的空气和健康的食物，都成了生活中的奢侈品。人们所向往的这种田园般的生活方式，有点像香格里拉。英国作家詹姆斯·希尔顿（James Hilton）在他 1933 年出版的畅销小说《消失的地平线》中，描述了这个人间天堂——香格里拉。

中国古代文学中有很多诗也在描绘同样美好的田园生活。陶渊明（约365—427），中国最伟大的田园诗人之一，他放下世俗的荣耀，辞掉官职，返回田园，被称为中国"隐逸诗人之宗"。大约 1500 年后，在西方世界中，有一位作家、博物学家、超自然主义者和哲学家亨利·戴维·梭罗（Henry David Thoreau，1817—1862）也表达了对田园生活的深切热爱。为了亲近大自然，他独自在森林里住了两年。他的著作《瓦尔登湖》记录了他在家乡瓦尔登湖边树林中度过的两年时光。他在森林里就地取材自己建造房子，自己种植农作物。他观察到了不断变化的季节所蕴含的自然之美，映射在清澈的湖水中。本质上，《瓦尔登湖》是一本崇尚自然和简单生活的书。人们对田园生活的向往是普遍的。这是人们的需求；只要有需求，就会在某地有某人为我们实现它。

在高科技的现代社会，有人正在以一种在视觉和艺术上更具吸引力的方式向人们展示着她所经历的、梭罗所描述的"瓦尔登湖畔"似的生活。这个人就是李子柒，是一位"从源头开始制作一切的女王"。2020 年，因为新冠肺炎疫情的影响,人们不得不隔离在家,李子柒成了陪伴人们的"隔离女王"。

李子柒:田园诗般的梦想

第一眼看上去,李子柒很朴素,但她散发着一种内在的平静,让人想要多了解她一点。本书的作者之一是李子柒的忠实粉丝,几乎每天都要看看她的视频。另外,她的田园幻想般的生活已经成了人们逃避现实和寻求自然舒适的精神寄托。

作为一位美食博主,李子柒的视频与大自然融为一体。她的原材料要么是从地下挖出来的,要么是从树上采摘的,用山泉洗过,炉火炙烧。视频中的一景一物,雨落屋檐,灶台木火,古色古香,鸡鸣狗跑,美丽而宁静(见图9-1)。

图 9-1　李子柒的田园梦

> 桃花开了,她采来酿成桃花酒;
>
> 竹笋熟了,她做一碗酸辣鲜香的柳州螺蛳粉;
>
> 番茄红了,她摘来做鲜红美味的番茄酱;
>
> 鸭子下蛋了,她做一碟香喷喷的蛋黄酱;
>
> 端午节到了,她包糯香的肉粽;
>
> 要过年了,她熏腊肉腊肠;
>
> 拆下老房子的木头,她做成小桥、秋千;
>
> 吃罢的葡萄皮,自己染布做成紫色的纱裙……

2019年3月,她发表了一条制作文房四宝(笔墨纸砚)的12分钟的视频。这个视频从2017年秋天开始拍,历时近两年才完成。制作墨时,桐油烧烟后烟灰凝在一起需要放置一年以上,制成墨之后还需要干燥半年以上。制作毛笔是从砍竹子和剪羊毛开始。纸是自己从砍树剥树皮开始做的,砚台也是她自己亲手雕刻。

在人们眼中,李子柒不仅是一位美丽的厨娘,还是大自然丰收的使者,甚至是一位精巧的工匠。她总是能够从大自然中取材、去创造,给人们带来美的享受,她的创造力似乎永无止境。

李子柒于1990年出生于四川绵阳。童年就经历了父母离异,她跟着父亲生活。6岁时父亲去世,继母对她不好。爷爷奶奶心疼她,就把她接回家抚养。李子柒的爷爷是厨师,会编制竹器,也擅长农活。和爷爷奶奶生活的日子,她帮爷爷做木工,陪奶奶做饭,庄稼成熟就下地干活。那段经历为她日后制作短视频积累了很多素材。14岁时,爷爷也去世了,奶奶独自抚养李子柒,生活艰难可想而知。李子柒不得不辍学外出打工。为了谋生,她曾经露宿公园,也在饭店做过月薪300元的服务员,还学了音乐在酒吧做过 DJ。2012 年，奶奶生了一场病，她回到了家乡留在奶奶身边照顾。

回到家乡的李子柒以开淘宝店为生，勉强度日。为了提升销量，她也拍一些视频。2015 年，李子柒开始拍一些自己真正喜欢、拿手的事，比如美食。她开始自拍自导古风风格的美食短片，主要在美拍上发布。2016 年，李子柒花三个月时间学习制作兰州牛肉面，并且拍摄了短视频《兰州牛肉面》。这个视频火了，播放超过 5000 万次。[292] 慢慢地，李子柒也火了起来，粉丝越来越多。

在李子柒爆红之前，就已经有 MCN 机构发现了她。2016 年李子柒正式加盟杭州微念科技，这样她本人就可以潜心内容创作，微念科技负责运营推广。2017 年四川子柒文化传播有限公司成立，李子柒与微念科技分别占 49% 和 51% 的股份。

在 MCN 机构的运作下，2017 年李子柒的短视频开始暴发式增长。她的视频在各个不同的平台传播，YouTube 也是其中的一个。到 2020 年底，李子柒的微博有 2600 万粉丝，抖音 3800 万粉丝。[293] 她的短视频并没有翻译成英文，但是 Youtube 上粉丝也破千万（与 CNN 相当），她是第一个粉丝过千万的中文创作者，在她的评论区里，人们用英语、俄语、法语、韩语表达着对她和她所展现的生活的喜爱。

尽管拥有如此巨大的粉丝量，但李子柒并没有接广告，也没有像薇娅李佳琦那样直播带货。事实上，她的视频里从来没有"买"这个字眼。她的收入主要来自 YouTube 平台分成和天猫旗舰店销售收入。根据 YouTube 网红营销平台 InflueNex 的统计，李子柒每月在 YouTube 上可获得广告收入大约有 73 万美元。[294] 2018 年 8 月，李子柒的同名天猫店铺"李子柒旗舰店"正式开业。视频中出现的美食，逐个出现在了店铺中，现在已有几十种产品。仅 39.7 元三袋装的李子柒柳州螺蛳粉一个月销量就超过 150 万份[295]，售价 59.7 元的李子柒桂花坚果藕粉月销量超过 20 万份。[296] 这样算下来，天猫店一个月的收入粗略估算也上亿人民币。这仅仅是在天猫店的销售，不包括通过社区团购等其他渠道的销售。有网友估算李子柒 2019 年个人收入超过 1.6 亿元，李子柒的发展轨迹如图 9-2 所示。[297]

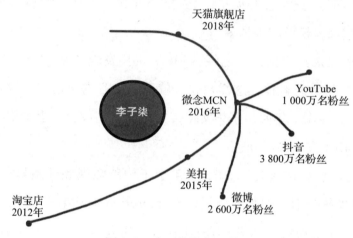

图 9-2　李子柒的发展轨迹

喜爱李子柒产品的不仅仅是中国人，据天猫海外官方数据显示，李子柒柳州螺蛳粉通过天猫海外一年卖出近 50 万份，销往全球超 100 个国家和地区。[298]

李子柒的产品卖的并不便宜，螺蛳粉也好，豆浆也好，价格都在同品类中排名中上。例如李子柒芝麻核桃粉 360 克天猫旗舰店价格 59.9 元，中粮的芝麻核桃粉 500 克 69 元。如果按每一克的价格算，李子柒的要高差不多 20%。

在一次采访中，李子柒说"现在大部分人的工作和生活压力都特别大，所以我希望，大家在特别累的时候，看到我的视频，可以感受到轻松和美好，是治愈的而不是沉重的。"299

李子柒是唯一的吗

李子柒之所以受欢迎走红并不是偶然的。在她邻近的云南，一个名叫董梅华的年轻女子，也被称为滇西小哥，她在互联网上的成功和李子柒非常相似。滇西小哥也是一位美食博主，在国内外拥有众多粉丝。虽然叫小哥，其实董梅华的感觉非常像邻家妹妹，热情、淳朴、随和、乐于分享。小哥家的厨房就是普通的中国乡村房屋，过年过节到乡下走村访友时也仍然可以看到。与李子柒美轮美奂的视频形成鲜明对比的是，小哥的视频看上去真实得有些粗糙，背景都是真实人物每天的日常营生。她用村庄里新鲜的当地食材烹饪简单有趣的菜肴。例如，小哥视频里使用的舀水勺是不锈钢的，农村里几乎每家都有，而李子柒视频里使用的则是看起来像古董的木勺。虽然视频风格迥异，小哥的商业模式与李子柒的商业模式并无二致。她在微博和YouTube发布视频，拥有500万粉丝，并且小哥也开了淘宝商店出售视频中精心制作的食品。300 两位都通过制作精美和诱人的菜肴，展示了宁静的田园生活。她们同时也是成功的企业家，她们展示了人们所向往的自然简单的生活梦想，也满足人们对于美食感官体验的渴望。她们还有一个共同点，就是都利用了中国人民对美食的热爱。当然，她们的才华也得到了经济上的回报。

北欧也有一位"李子柒"——乔娜·基顿（Jonna Jinton）。2010年，基顿辍学离开城市，"隐居"在瑞典森林，把生活过成了童话和诗。在她的视频和照片里，有高山雪原，林地湖泊，漫天极光，喊牧迎春，还有瑞典传统"冰浴"。很多人在她的视频里找到了慰藉，有网友说"你的视频让我想要生活，而不仅仅是活着（your videos make me want to live,not just exist）。"[301] 如今，基顿在 YouTube 积累了 168 万粉丝，在 Instagram 有 64 万粉丝。[302] 跟李子柒一样，基顿也有自己的电商品牌，她开了两家网店。一家店是艺术画廊，卖她的画作。另一家是银饰店，由丈夫打理。而她常常戴着丈夫打造的银饰出镜。

李子柒、小哥和基顿实现了人们对香格里拉的向往。她们之所以成功，是因为她们热爱生活，崇尚自然，并且也非常有才华。李子柒擅长美食，她用自己的眼睛发现美，并用唯美的视频展示出来。如果有她不熟悉的主题，在拍摄视频之前，她会花很多时间来了解所有有关的信息。她花了几个月的时间学习如何制作兰州牛肉面，如何给衣服染色，以及如何制作纸张和墨水。基顿则嗓音优美，擅长艺术。这三位所具备的知识、专长和才能对她们的成功必不可少，她们的热情和真实感也深深地吸引了人们。

这样的梦想无处不在。在 2020 年疫情期间，人们不得不居家隔离。Instagram、Tumblr、Pinterest 和 Facebook 上几乎同时发生了一件奇怪的事情。许多人开始上传漂亮的小屋的图片，明亮的阳光穿过茂密的树叶变得斑驳，树荫浓密的小径，还有随处可见的野生蘑菇……人们把这种现象称为 Cottagecore（极简主义）。到处都是乡村里自给自足的自然感和田园装饰的结合，并带有一定的怀旧气息。Cottagecore 的受欢迎程度也是人们内在对香格里拉的渴望。香格里拉，是人类普遍的渴望。

李子柒帮助人们实现了对田园诗般生活的渴望。但是，简单、自然的乡村生活并不是每个人的渴望，特别是有自己的梦想和幻想的青少年群体。

Z 世代

洛天依:梦中女友

现在几乎每年都会看到听到大学生甚至中学生自杀的新闻。在中国,青少年承受着巨大的压力:努力学习在激烈的高考竞争中突围进入好大学的压力;满足父母崇高期望的压力;与别人家孩子比较的压力……最重要的是,他们还必须应对青少年时期带来的所有剧烈的生理变化。有什么办法能够帮助他们摆脱现实,创造自己的梦想吗?

我们说过,只要有需求,就会有解决方案。让我们来认识一下洛天依(见图9-3)。

图 9-3 梦中女友洛天依

洛天依,2012年出生,15岁(永远),巨蟹座。她有一头美丽的灰发,眼睛不合比例地大,绿瞳,发饰碧玉、腰坠中国结,看起来温柔美丽,天真漂亮,是典型的中国女孩形象。

洛天依是一位在互联网上被创造出来的虚拟歌手,由中国禾念信息科技有限公司打造。这位15岁少女，出厂设置除了年龄性别，关于她的所有，都是一片空白干净的白纸。歌迷可以在上面表达自己的全部愿望，创造自己心里的洛天依。粉丝们为她写歌、写小说、画漫画。比如洛天依"吃货殿下"的人设就是因为粉丝做了很多洛天依吃东西的手绘。洛天依99%的歌曲都是粉丝自己购买音库软件制作的。这些歌迷有一定音乐制作能力。也就是说任何人都可以让洛天依唱出自己心中的歌。洛天依在B站（Bilibili视频网站）上的UGC（用户原创内容）歌曲有一万多首，其中《普通DISCO》在B站突破1000万播放量。[303]

就是这样一位虚拟的歌手，却非常的红。她的微博粉丝462万，B站粉丝190万。[304] 2017年6月，洛天依等Vsinger（虚拟歌手）在梅赛德斯奔驰中心开演唱会。演唱会的首批500张SVIP席1280元限量版门票三分钟内全部售罄，同时在B站进行演唱会独家同步直播，收看人数450万人，这个数字可以比肩一线的当红明星。

作为从不上B站的你，可能很想知道谁会是洛天依这样虚拟偶像的粉丝？洛天依的粉丝是典型的Generation Z（Z世代，1995～2009年间出生的人）。与20世纪70年代和80年代出生的人相比，Z世代出生于一个物质非常丰富的时代。他们中的许多人受过良好的教育，有音乐、绘画和艺术上的才华。他们拥有这些才华，并想要展现自己的才华。他们把心中的歌制作出来，告诉洛天依，洛天依为他们演唱。Z世代也是典型的二次元人群，对二次元的接受程度非常高。喜欢并且善于用艺术的形式表达自己。他们不再满足于单向的消费行为，他们需要参与共同创造内容。而普通的真人的偶像很难让他们有强烈的参与感。洛天依则不同，洛天依就是粉丝创造出来的。粉丝们自己定义了洛天依的形象，他们把自己的审美投射在洛天依身上，洛天依就是体现了他们内心审美的完美偶像。完美的虚拟偶像会带给粉丝们安全感，现实中明星可能会有丑闻，令粉丝伤心，虚拟偶像不会。

对于非数字原住民的成年人来说，很难理解这样的一个新趋势。很多粉丝称他们亲手创造出来的洛天依为"老婆"，洛天依的留言区里随处都是"老婆怎么样都好"的评论。对于一个普通的男孩来说，在现实生活中几乎不可能拥有像洛天依这样的女朋友。对于一个普通的女孩，她们喜欢把自己想象成洛天依。想象力不会模糊他们的界限。和洛天依虚拟对话成为粉丝日常生活的一部分，有不少"洛天依"的粉丝在网络社区表达如下情绪："只有真正孤独过的人才能体会到那种感受，不论你矫情还是愤怒、任性还是冷漠，她总是会默默守在那，等着用充满电流的嗓音安慰你、激励你。"真正的明星值得崇拜，但这是一种单向的关系，只有粉丝的崇拜，没有情感上的对等。而洛天依就像灿烂的山间明月，却又触手可及。正如粉丝表达的那样"她为我带来了一件久违的东西：希望""二次元的人不会变质，就这么简单"。[305]

热爱洛天依的Z世代正在成长为一个主要的消费群体。Z世代比其他任何一代都更可能为他们喜欢的内容付费。粉丝对洛天依的喜爱程度迅速转变为商业价值。洛天依为许多知名品牌代言，如雀巢、百雀羚、必胜客和美年达。

2020年，洛天依更是走进了淘宝直播间。5月1日，洛天依带货首秀，由一位三次元人类女孩，协助洛天依和同是虚拟偶像的乐正绫共同完成。在一个小时的直播中，她们共推荐了9款产品，包括博士伦的美瞳、欧舒丹沐浴露、美的自热便当盒等。选品符合年轻人的喜好。

虽然在此之前洛天依曾经出现在李佳琦的直播间，但是真正的虚拟偶像带货，洛天依是第一个。当天在线观看人数一度高达270万，近200

万人打赏互动。据说洛天依淘宝直播坑位费报价高达90万元，[306] 而据网络流传的人类主播坑位费报价中，之前报价最高的是罗永浩，在抖音的坑位费是60万元。洛天依首次带货销量如何，淘宝没有公布，但是从坑位费上看，已经超越了人类。

洛天依并不是唯一能赚钱的虚拟偶像。在美国广受欢迎的Lil Miquela是另一个。她在社交媒体上拥有280万粉丝，并与Calvin Klein、Prada等时尚品牌合作，每个代言费用是8500美元。[307] 据估计，到2020年，Lil Miquela的创作者收入达到1170万美元。[308]

由技术驱动的VOCALOID偶像

洛天依既可以独自表演，也可以和真正的流行歌星同台献艺。技术的发展使虚拟的人儿看起来真假难辨。要使洛天依这样的"虚拟歌手"诞生，最重要因素是数字复制技术，对人的声音进行复制。日本雅马哈集团的VOCALOID就是一款歌声合成技术和基于这项技术的软件，它可以把人的声音录下来制作成音库，然后由使用软件的用户把音符和歌词输入，合成为一首完整的歌曲，软件的虚拟声库就可以将歌曲唱出。原理类似于语音地图导航。使用VOCALOID软件进行歌曲创作的整个过程当中，没有真正的人在唱歌，歌曲仅仅是音库中的音调发声"数据"排列。

洛天依是全世界第一款拥有VOCALOID中文声库的虚拟偶像，声音来自国内的配音演员山新。全世界第一位虚拟歌手初音（Hatsune Miku）诞生于2007年，使用的也是这项技术，音源来自日本声优藤田咲（Fujita Saki）。VOCALOID软件的使用者为洛天依谱曲写歌、绘制图像、制作视频、创作小说等，虚拟偶像由此诞生。

当然，当虚拟歌手开演唱会，参加大型电视晚会，甚至进入直播间的时候，要求的就不仅仅是声音技术。为了使虚拟偶像视频传输成为可能，还要有增强现实、虚拟现实、人工智能、全息投影、动作捕捉、3D 制作、语音合成等技术。有业内人士称虚拟歌手开一场演唱会的费用可以用"天文数字"来形容，一场 12 首歌的演唱会，成本可能要 2000 万人民币，[309] 张学友一场演唱会，成本大约是 600 万～800 万元。[310] 虚拟偶像是通过最新科技、新玩法、高成本打造的，至少在目前其运营成本很高。未来成本会下降吗？随着技术的日益成熟，我们相信会的。

不卖而卖：终极零售

在这一章中，我们把两个看起来毫不相关完全没有共同点的"人物"——李子柒和洛天依放在一起，因为她们都满足了超越物质的、人类最高层次的需求。

（1）**功能需求 vs. 情感需求**。薇娅成为渠道，李子柒成为品牌。薇娅花很多时间在直播中解释产品的功能，它不仅要满足人们对产品的功能性需求，还要满足人们消费当中占便宜的心理需求——打折、低价，或者更重要的心理需求，不要错过好的交易；她向粉丝们保证，她们会以最低的价格获得最好的交易。而李子柒满足了那些受过良好教育并且富裕的城市人的情感需求——对于美好生活/事物的向往。薇娅非常直接，你现在看到的就是你应该购买的商品，因为促销是限时的，而且很快就会被抢购一空。李子柒制作内容丰富引人入胜的短视频，视频里从来没有提及一句关于购买的信息。但是，如果观众想要体验她所展示的田园生活，就可以在她的天猫店里购买视频中的同款产品。李子柒的销售是一种间接销售,而不是"主动销售"。当人们的基本物质需求得到满足后,满足情感需求在购买决策中就会起着举足轻重的作用。未来,我们更倾向于李子柒类型的销售——不卖而卖。

(2)**共同创造 vs. 追随**。洛天依的创造是典型的 UGC 模式,从形象、性格、服装到音乐都是粉丝创造出来的。粉丝们能按自己意愿参与偶像的发展与塑造。洛天依看起来是如此纯真、甜美可爱,年轻人很容易将自己的渴望投射在她的身上。粉丝可以根据自己的意愿参与偶像的发展和塑造。洛天依可以成为你想要她成为的任何人。粉丝们创作时投入了很多情感,这种情感的投入反过来更加深了对虚拟偶像的感情。那么购买偶像代言的产品从某种程度上也是肯定粉丝自己的创造力。这是通过情感联系的另一种间接销售。用户的参与在小米的发展过程当中也功不可没,事实上,用户参与是小米的重要战略之一。小米通过 MIUI 论坛构建了一个 10 万人的开发团队,许多的 MIUI 功能设计,都是通过论坛交由用户讨论决定。基于用户参与的机制,MIUI 收获了令人吃惊的好口碑和增长速度。维基百科也是这种用户参与模式的产物。移动互联网环境下,最吸引用户的产品是能够有参与感并能带来愉悦体验的产品。不再是产品能为我做什么,而是我用这个产品做什么,以"我"为中心,而不是产品。

(3)**争夺 Z 世代**。洛天依等虚拟偶像的崛起,标志着 Z 世代已经进入消费舞台,并将逐渐成为消费主力。QuestMobile 数据显示,截至 2018 年 10 月,中国 Z 世代用户突破 3.69 亿,Z 世代在全体网民中占比超 3 成,贡献了移动互联网近一半增长率。Z 世代是怎样一群人?Z 世代追求"宅文化",深度爱好游戏、动漫、小说等内容,塑造了偶像文化,对"偶像经济"贡献突出。2018 年 Z 世代因偶像推动的消费规模超过 400 亿元，其中近一半来自购买偶像代言、推荐或同款产品。[311] Z 世代也是二次元人群，喜欢用手机看动漫。正是 Z 世代对手机屏幕的依赖和对二次元的喜爱，为虚拟偶像的流行奠定了基础。他们的手机消费能力、线上消费意愿都高于其他群体。淘宝直播邀请洛天依，意在 Z 世代。

本章总结

对高管提出的问题：

1. 终极体验销售能为你的客户带来什么好处？你的产品满足什么样的情感需求？还是客户通过购买和使用产品能产生什么样的情感需求？

2. 你公司有内部创建数字内容的能力，还是需要与数字代理机构合作，以便可以利用行业内的终极体验销售者（类似于李子柒），能够为你的产品创造关注度？

3. 你已经在多大程度上与 / 通过客户共同创造了内容和数字影响力？

4. 你如何看待像李子柒这样的影响者在整个行业中扮演的角色？

5. 你的产品或服务的未来消费者是谁？什么样的行为会挑战你今天与客户互动的方式，在将来可能需要改变？

6. 如果你要尝试在你所在地区进行终极体验销售，你会选择哪种产品类别，你会提供什么样的价格，会讲什么故事，会考虑使用哪些潜在的网红，会选择哪个平台？

7. 如果要为 Z 世代创建虚拟偶像，请勾勒出她并赋予个性。这个虚拟偶像将如何帮助你的产品与 Z 世代建立联系？

PART THREE

第三部分

展　　望

CHAPTER 10

| 第 10 章 |

生态系统的无形之手

创新的公司推动了中国新型零售的兴起，这些公司发现了消费者的新需求和未满足的需求。美团、盒马和拼多多等公司在推动零售的边界扩展、超越阿里巴巴和京东的传统电子商务方面发挥了重要的作用。此外，李佳琦、包先生和李子柒等网红主播和博主也将零售业带入了新的体验水平。到目前为止，不论是这些新模式的公司也好，网红也好，他们都表现亮眼。例如，2021 年 1 月，美团的估值超过 2350 亿美元，比半年前增长了近 60%。[312] 仅 5 岁的拼多多在 2021 年 1 月的估值就超过了 2300 亿美元，而半年前的估值还是 1000 亿美元。[313] 李佳琦在 2019 年的"双十一"单日就创造了 1.45 亿美元的销售额。[314] 对于一个专门销售化妆品的个人来说，这是令人惊叹的业绩，甚至让许多上市公司羡慕不已。纵观中国新的零售格局，我们可以看到它既多样化又高度动态，新的项目、机会无处不在。其核心，是企业家精神。

在美团、盒马和拼多多的背后，在李佳琦和李子柒这些网红主播的背后，有一只看不见的手在操纵着少数的商业生态系统。确切地说，是三个商业生态系统，这在某种程度上让人联想到中国史诗般的小说《三国演义》。我们可以在古代的三国演义和现代的三个零售王国的故事之间看到一些相似之处。让我们看看中国历史上最跌宕起伏的历史时期之一。

中国互联网的老三国

作为中国四大名著之一的《三国演义》，读者应该都熟悉。这本小说里有无数个激动人心的情节，但最令人印象深刻的是那些与数字"三"相关的故事。在中国，"三"是一个神奇的数字。《道德经》有句名言："道生一，一生二，二生三，三生万物。"

《三国演义》的故事所讲述的是各种争斗以及各权力集团之间寻求平衡的过程。似乎看起来，要达到一个相对稳定的状态，"三"个参与者是必不可少的。历史总是重复，中国新的零售王国似乎也经历了同样动荡争雄的时期，试图达到魔幻的三足鼎立。

20世纪90年代末，三个年轻人看到了中国互联网的兴起，开始构思他们的商业蓝图。其中一位年轻人回到北京，这是当时中国新技术最为繁荣之地，而另外两位则位于新兴的城市，东海岸的杭州和南海岸的深圳。他们彼此并不相识，却都在大多数中国人还没有听说过互联网，也没有自己的计算机，甚至没有信用卡的时期，各自建立了三个互联网平台。接下来，在不到20年的时间里，这三个平台发展成中国最大的互联网生态系统，涵盖了线上和线下业务。到2020年底，它们的总市值估计超过1.5万亿美元。这三个年轻人分别是马云、李彦宏和马化腾，他们创立的商业帝国是阿里巴巴、百度和腾讯，后来被称为BAT。

马云的业务聚焦在贸易和电子商务，主要致力于为全球市场中的中小型企业提供交易平台。李彦宏的核心业务是搜索，被称为"中国的谷歌"。马化腾的业务则扎根于即时通信和在线沟通。不论其起源如何，这三个平台近年来都在向多领域、多元化发展，例如互联网金融、数字医疗、文化和娱乐、企业服务和基于位置的服务等。此外，它们培育了1000多家新企业！这三家互联网先驱将其业务从三个独立的平台转型为三个竞争的业务生态系统。

商业生态系统

商业生态系统是业务相互依存的无边界组织，具有跨行业的以客户为中心的产品。关键是，生态系统中的每个实体都会相互影响，并受到其他实体的影响，从而形成一种不断发展的共生关系。在这种关系中，每个实体都必须具有灵活性和适应性才能生存，就像在生物生态系统中一样。商业生态系统不是遵循严格而刻意的自上而下的战略指示，而是通过试探性原则和数据驱动进行管理。[315] 从根本上说，商业生态系统包括中心指挥者，一套互补的业务（补充者），以及一个系统（通常是数字协调机制），将所有各方组合在一起，使各个部分的整体大于单独相加。或者，就业务而言，商业生态系统的产品能够比单个产品更好地满足客户的需求。让我们看一下 BAT 的商业生态系统以及它们如何组织零售革命。

阿里巴巴

阿里巴巴集团是全球最大、最有价值的在线零售商之一，业务遍及200多个国家。它拥有 50 000 多名员工，市值超过 6360 亿美元（2021

年 1 月），[316] 是全球十大最有价值、最大的公司之一。自 1999 年成立以来，阿里巴巴的成功很大程度上归功于其创新的组织形式，也就是它的商业生态系统，促进了公司业务的快速增长和转型。

阿里巴巴的核心业务是在线交易平台。阿里巴巴网站成立于 1999 年，是阿里巴巴集团最核心的业务。买家遍布 200 多个国家，包括代理商、批发商、中小企业、零售商和制造商。到 2017 年，该平台包括两个截然不同的业务：阿里巴巴国际和 1688.com（以前称为"阿里巴巴中国"）。

2003 年 5 月，阿里巴巴推出了淘宝。淘宝提供范围广泛的产品的在线交易，从个人收藏品和在市面上很难买到的物品，到普通的消费类电子产品、服装和配件、体育用品和家用产品。在不到十年的时间里，淘宝成为全球最受欢迎的消费者对消费者（C2C）电子商务市场之一。2008 年 4 月，阿里巴巴推出了天猫（B2C）。天猫的目标是成为优质品牌商品的在线交易平台，以满足日益成熟的中国消费者的需求。

2004 年，阿里巴巴的生态系统开始了第一次大规模的转型。在随后的十年中，我们看到了阿里巴巴为了支持核心业务，将其业务生态系统不断升级，将所有服务继续扩展，从而创建了一个功能全面的电子商务生态系统。这个时期的扩张可以分为三个阶段：一是扩展中小企业客户服务：支付宝、阿里妈妈、阿里云；二是扩展消费者服务：速卖通、聚划算、一淘；三是整合和升级。在后一个阶段，要特别注意到物流系统的升级，从依赖外部第三方供应商到启动智能物流网络（菜鸟），以及将支付宝的在线支付系统扩展为功能完善的在线金融服务子生态系统。

2013 年，阿里巴巴的生态系统经历了第二次大规模转型，开始对不那么成熟的公司和更多元化的领域进行投资。结果是，阿里巴巴从电子商务扩展到与互联网相关的几乎所有业务，金融服务、社交网络服务、数字医疗保健以及文化和娱乐。阿里巴巴显然对仅仅经营电子商务并不满意，因此不断扩充，甚至建立了一个生态系统来支持不断扩大的商业活动。阿里巴巴的目标是使互联网成为中国消费者日常购物体验的一部分：支付宝使用户可以在线下各种场合以电子方式付款，买电影票、订外卖、预订酒店、在线购买商品。尽管电子商务通常被认为是传统零售商的敌人，但在中国，电子商务和移动购物的快速增长鼓励了线上和线下的融合。例如，阿里巴巴向家用电器供应商苏宁集团投资 43 亿美元，向中国最大的购物中心之一银泰百货投资 7.36 亿美元。

阿里巴巴推动新型零售

正是向成熟的生态系统转变的最后阶段，阿里巴巴开始推动新型零售的发展。

2016 年，马云提出了"新零售"的概念，即线上、线下和物流三者的结合。[317] 同年，盒马鲜生在上海开了第一家实体店，线下店三公里范围内的居民可以在线下单，盒马会在 30 分钟内送货到家。盒马的模式引起了很多关注，并被认定为阿里巴巴重塑零售业的方式。

你可能还记得我们在第 5 章中提到，阿里巴巴还是生活方式服务的主要参与者。阿里巴巴早在 2011 年就投资了美团，当然，后来美团在 2015 年接受了腾讯的投资，和腾讯走得更近。为了补偿失去美团的缺憾，阿里巴巴在 2018 年斥巨资收购了饿了么，并很快将饿了么与口碑合并，作为阿里巴巴的本地生活服务平台。

但是，阿里巴巴在新型零售领域的足迹远远不止这些：

◆ 2013 年推出天猫生鲜，并投资了易果生鲜（第 6 章）。

◆ 2018 年推出了"淘宝特价版"App，与拼多多竞争下沉市场（第 7 章）。

◆ 2016 年推出了淘宝直播，并培养了薇娅和李佳琦等直播带货的网红主播（第 8 章），洛天依也是在淘宝直播上进行了她的第一个直播销售，李子柒也在天猫开设了旗舰店（第 9 章）。

◆ 投资了许多线下连锁超市和购物中心，例如三江购物、联华超市、银泰和苏宁（第 6 章）。

毫不夸张地说，阿里巴巴占据了中国新型零售的半壁江山。

腾讯

腾讯是亚洲最有价值的公司，也是全球最大的互联网公司之一，它的核心业务领域是社交通讯。腾讯最受欢迎的即时通信服务——微信，截至 2019 年 12 月在中国和海外共同拥有超过 11.64 亿的月活用户（MAU）。[318] 2019 年，腾讯的总收入达到 540 亿美元（同比增长 20%），净利润为 140 亿美元，市值约为 7100 亿美元（2021 年 1 月）。[319] 在过去的十年中，腾讯已多元化发展至文化和娱乐（游戏）、云计算、数字医疗保健和互联网金融，并且在海外投资并购方面非常活跃。在 2007 年和 2014 年，《时代》杂志将创始人马化腾称为世界上最有影响力的人之一。

1996 年在以色列推出的全球首个互联网即时通信工具 ICQ 一出世就受到欢迎，那时许多中国公司开发了类似产品。但是，腾讯的 OICQ 比竞争对手的产品更简单、更友好。此外，从易于下载的角度来看，腾讯 OICQ 所占用的存储空间很小，考虑到当时互联网速度有限和带宽成本高昂，这一点也至关重要。OICQ 很快在中国风靡开来。2000 年美国在线（AOL）对腾讯提起诉讼，腾讯不得不把 OICQ 改为 QQ。

2009 年，腾讯开始在移动端布局。2011 年，小米推出了一款名为米聊的移动即时通信程序（第 4 章）。腾讯马上敏锐地意识到威胁。当然，将 QQ 迁移到移动平台是可能的。于是，腾讯决定推出一款新产品，新产品可以完全满足移动时代用户的社交和通信需求，而不仅仅是上一代 PC 产品的修改版。后来大家都知道了，张小龙带领他的 QQ 邮箱团队开发出了微信。

并且，腾讯早就开始将业务范围扩展到沟通和聊天之外。2003 年，腾讯发布了自己的门户网站 QQ.com。为了扩展收入模式，腾讯开始销售 QQ 会员服务，例如虚拟装扮、道具。到 2016 年，按收入计，腾讯已经是中国最大的在线游戏公司。[320] 腾讯在游戏平台上销售各种虚拟商品，例如虚拟武器、表情符号和铃声，这几乎是腾讯最大的收入来源。并且腾讯的游戏平台和门户都和 QQ 连接，构成了腾讯新兴生态系统的核心。

腾讯的增长战略在 2011 年发生了变化。它采用了两种机制来向新的、相关的领域多元化拓展。首先，腾讯启动了几种由公司自己开发的创新的产品和服务。例如微信（第 4 章），腾讯鼓励多个开发团队进行内部竞争，好的产品自然胜出。第二种机制是对新公司和技术进行大量投资，这种投资策略使腾讯成为多元化经营中最突出的公司之一：结果是来自各个行业和各个阶段的 200 多家公司加入了腾讯的业务生态系统。腾讯的投资主要集中在五个领域：电子商务、数字医疗、文化、娱乐、互联网金融和基于位置的服务（LBS）。

腾讯推动新型零售

正是在其转变为成熟生态系统的最后阶段,腾讯开始推动新型零售的发展。

尽管人们都认为腾讯是社交和游戏公司,但腾讯在电子商务和新型零售浪潮中并没有保持沉默。早在 2005 年,腾讯就推出了 C2C 平台拍拍,拍拍最终没能成功,腾讯放弃了自己独立发展电子商务的计划。2014 年,腾讯收购了京东 15% 的股份,并在 2015 年投资了每日优鲜。这仅仅是腾讯新型零售业务的一部分。

腾讯在生活方式服务领域也野心勃勃,甚至从阿里巴巴手中抢走了美团(第 5 章)。2014 年腾讯就投资了大众点评,2015 年,在腾讯的撮合下,大众点评与美团合并。而腾讯则向这家新合并的公司投资了 10 亿美元,并在 2018 年美团点评 IPO 之前又投资了 4 亿美元。根据美团的 2019 年报,腾讯持有美团 20% 以上的股份。[321] 面对腾讯如此攻势,阿里巴巴没有坐以待毙,如之前我们提到的,阿里巴巴以超高价收购饿了么作为反击。

俗话说得好,敌人的敌人是朋友。在投资了阿里巴巴的劲敌京东之后,2016 年拼多多成立仅一年(第 7 章),腾讯就对拼多多进行了投资,2018 年拼多多 IPO 之前腾讯再次投资。根据拼多多 2019 年度报告,腾讯持有拼多多 16.5% 的份额。[322] 腾讯对拼多多的成功来说是必不可少的,拼多多依靠微信的社交媒体效应积累了庞大的客户群。京东定位的是高端客户,而拼多多定位的是低端客户,被挤在中间的阿里巴巴的淘宝应该不好受吧。

百度

百度是中国最大的在线搜索引擎,专注于中文搜索。到2020年第一季度,百度App的每日活跃用户为2.22亿(百度搜索请求的60%在App上)[323]。百度约占中国在线搜索市场的65%。[324] 2019年,百度的总收入为150亿美元,比2018年增长5%。2019年是自2005年IPO以来,百度第一次在财务报告中出现了亏损,亏损金额3.28亿美元。[325] 到2021年1月,百度的市值约为700亿美元,[326] 与阿里巴巴和腾讯已经不可同日而语,这两位的市值均超过6000亿美元。但是,百度也不再只是一个在线搜索引擎。现在,它在互联网金融、数字医疗、在线教育、基于位置的服务、无人驾驶汽车等领域都拥有成功的业务。2016年,《麻省理工科技评论》(*MIT Technology Review*)将百度列入全球最智能的50家公司。

百度曾经与谷歌的竞争非常激烈,尤其是在2001年至2002年期间。在2001年,百度开始推广基于竞价排名的收入模式,就是针对特定搜索结果显示的顺序,广告客户愿意支付多少费用的竞价系统。2002年初,百度推出"闪电计划"。目的是在9个月内让百度搜索引擎在技术上全面与谷歌抗衡。那个时候,百度还是一家初创企业,而谷歌已经非常强大,仅在中国就拥有500万用户。百度最终成了排名第一的中文搜索门户。

百度生态系统的核心自然是百度的搜索。并且,在最初的十年里,百度为消费者和企业开发了广泛的、与搜索互补的服务。例如基于社群的服务,包括于2003年成功启动的百度贴吧,以及基于在线搜索的交互式问答平台百度知道。除了以消费者为中心的服务外,百度还为网站和开发人员提供商务服务，包括用于监视网站安全的百度云观测，执行关键字数据分析的百度索引，以及为开发人员提供 API 服务的百度 API 商城。此处不再赘述。

2011 年，百度开始进行相关但不同领域的业务多元化。虽然百度早在 2007 年就开始运营百度游戏，2008 年也启动了百度的电子商务平台"有啊"，但是都没有成功。百度的多元化扩张可以说是由两方面推动的，一方面是阿里巴巴和腾讯扩张的压力所驱动；另一方面，则是来自百度自身的战略需求，拓展核心搜索业务以外的多元化业务和寻找新收入来源。百度在以下四个业务领域进行了多元化发展的探索：数字医疗、在线教育、互联网金融和基于位置的服务。但是，百度的所有多元化举措并非都进展顺利。例如，它为互联网用户开发的一些工具包，例如浏览器、中文输入系统、病毒扫描程序和媒体播放器等，在市场上并没有取得太大的成功。

近年来，百度在人工智能技术的研发上投入了大量资源，在人工智能技术的商业化方面取得了重大进展，例如人工智能语音助手平台 DuerOS、自动驾驶平台 Apollo、百度云、百度搜索和百度 Feed 等。

正是在向成熟的生态系统转型的最后阶段，百度也开始向推动新型零售发展。

但是，百度在新型零售领域的发展可谓喜忧参半。例如，百度旗下的外卖公司百度外卖，成立于 2014 年，曾与美团和饿了么形成三足鼎立的竞争态势，但是百度外卖最终在竞争中落伍，2017 年被饿了么收购，后来改名为饿了么星选（第 5 章）。如果探其原因，百度外卖失败的一个原因可能是其支付系统不如微信支付和支付宝那么成功。另一个重要的原因可能是李彦宏在 2016 年宣布百度未来将专注于 AI，而劳动力密集型的百度外卖似乎与一家正在转向 AI 的公司相去甚远。

旧三国的终结

我们长期以来一直认为 BAT 这三家中国互联网垄断组织的三足鼎立之势会是一个稳定的结构并长期存在。而且，随着它们不断地发展多元化的业务，不断地拓展和增长，它们越来越大，甚至到了大而不倒的程度。但是，历史会证明我们这个认知是错误的。时光到了 2021 年，很明显，就估值、影响力和商业声誉而言，百度已经明显落后，成为三者中的"小兄弟"。那么，出了什么问题？

通过与 BAT 公司高管们的分析和讨论，以及对他们投资和扩张路径的详细跟踪分析，我们认为阿里巴巴和腾讯开始走上了不同的扩张之路。

首先，阿里巴巴和腾讯开始投资共同领域的公司，例如在生活方式服务领域（美团和饿了么）、生鲜电商领域等。

在新型零售的争夺中，百度似乎已被排除在外，但这从某种程度上来讲可能是百度自己的选择。从 2014 年聘请吴恩达（Andrew Ng）开始，百度似乎将全部赌注押在 AI 上，但到目前为止，百度还无法通过其 AI 上的创新大规模获利。尽管百度一直被公认为是世界上最具创新力的公司之一，但目前还没能证明其技术和创新的可扩展性和适用性可以创造业务增长。显然，百度仍将重点放在开发开拓性技术上，与谷歌和微软竞争，而不是与阿里巴巴和腾讯竞争。也许这一战略选择使百度看起来退出了国内市场的竞争，而阿里巴巴和腾讯仍在继续前进。

最后，不得不说，我们认为缺乏竞争对手是百度竞争力下降的原因。众所周知，谷歌因为不愿遵守中国的法规，已经退出中国。带来的结果是，除百度外，中国的网民别无选择。这曾经使百度获得了近乎垄断性的地位，但是也表明，在中国，要创建有竞争力的公司仍需要有竞争性的环境。

新的三个王国

当我们研究网红直播带货的快速发展过程时发现，很明显，字节跳动发挥了至关重要的作用。尤其需要特别提出的是，字节跳动的业务之一——抖音的流量是李佳琦能够走红的关键因素之一。据说字节跳动2020年的收入可能达到人民币2390亿元。[327] 2020年12月字节跳动的估值超过1800亿美元。[328] 同时，百度的市值急剧下降，跌至约700亿美元。此外，百度在2021年1月考虑从纳斯达克退市，寻求更高的估值。看起来，百度已不能再与阿里巴巴和腾讯相提并论，亦难成为三国中的一员，而字节跳动似乎已做好准备成为百度的替代者。

那么，"新人"字节跳动如何能够快速成为这两个最大的互联网巨头的竞争对手？

我们认为，关键是字节跳动要利用阿里巴巴和腾讯的规模来对抗它们。随着巨人的成长，如今它们已经是如此庞大的公司。同样，也是因为太大而逐渐地失去了构成其成功基础的两个关键要素。首先，它们变得不那么敏捷，因为与5000名员工相比，5万名员工的公司很难保持其敏捷性。其次，它们对小众消费者群体的理解和回应能力随着规模的增加而减弱。

随着两大巨头的发展速度放慢，字节跳动正在迅速成为新的"超级App"。创始人张一鸣的第一个产品今日头条，以极快的速度成为中国最大的新闻聚合服务平台，在推出的5年内就超越了传统媒体和互联网巨头。字节跳动的另一项业务是短视频平台抖音和TikTok,字节跳动目前是全球价值最高的初创公司之一,其5亿用户中有20%位于国外。字节跳动于2018年推出了多闪、gogokid和悟空等服务,这些服务都直接与阿里巴巴和腾讯竞争。

但是,阿里巴巴和腾讯仍然比字节跳动大好几倍,所以为什么要把字节跳动和这两个巨头摆在一起呢?答案是算法。自从字节跳动诞生以来,算法就一直存在于其基因里。我们看到BAT能够将所有内容摆在你面前,供你搜索和选择,但字节跳动却相反。基于算法,字节跳动似乎可以理解你喜欢和想要的东西,然后主动推送给你,你根本无须费心搜索和选择。微信之父张小龙曾经说过:"推送改变世界,因为用户更懒了。"[329] 基于算法的推送更符合人性。从这个意义上讲,字节跳动的基因比阿里巴巴和腾讯的基因更先进。算法将帮助字节跳动成为三足鼎立的强有力一方。新老三国的生态系统如图10-1所示。

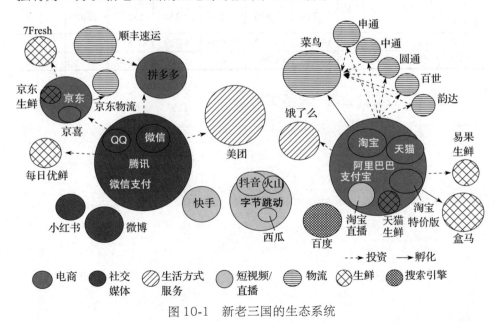

图10-1 新老三国的生态系统

字节跳动还是美团点评

然而，很难说有了字节跳动的新的平衡是否稳定。事实是，估值超过 2350 亿美元且拥有大量用户的美团，也正在建立一个重要的生态系统，并且这一生态系统日益受到关注和欢迎。此外，如果考虑到百度被挤出旧三国的原因之一可能就是独立于阿里巴巴和腾讯的扩张路径，投身于尚未商业化的 AI 新技术。这听起来与字节跳动很像，字节跳动也是独立于阿里巴巴和腾讯生态的，并与阿里和腾讯积极竞争。此外，字节跳动在基于 AI 的推荐算法上拥有独特的技术。随着中美关系的变化，TikTok 在海外面临压力，鉴于此，美团也会有机会跻身新三国（见表 10-1）。

表 10-1 阿里巴巴、腾讯等的市值

	腾讯	阿里巴巴	美团	拼多多	京东	字节跳动	百度
市值[330]（2020 年）（10 亿美元）	710	636	235	230	137[331]	180	70
2019 年收入（百万美元）	54 082	56 152	13 980	4 329	82 867		15 429
2019 年利润（百万美元）	16 724	13 053	419	−1 000	1 750		−328

在中国，没有什么是一成不变的。

CHAPTER 11

| 第 11 章 |

中国为世界重塑零售业

无界的新型零售到底是什么

让我们不妨从以下三个角度来解读！

智慧（Smart），指的是大数据、物联网在新型零售当中扮演的重要角色。智慧是新型零售的核心。正是这种"智慧"的推送，让人们沉溺于抖音。也是这种智慧，让我们看到天猫"双十一"海量交易的达成，超脑系统指挥美团骑手半小时送达，京东的当日达，盒马信息量丰富的电子价签……在那些我们看得到的体验背后，是看不到的大数据和物联网的身影。领先的新型零售企业都具有一流的、前沿的数据处理和分析能力。

那么，在当今新型零售的世界中，智慧对用户体验的影响是什么呢？第一是快速交付；第二是一站式购物的便利；第三是准确的产品推荐；第四是线上和线下的无缝结合；第五是有趣；第六是志同道合的人对所组成社区的归属感。消费者可以使用美团 App 叫外卖、预订电影票和打车；可以去到盒马鲜生的实体店购物或打开 App 直接下订单等待送货上门；可以在拼多多上购物的同时享受游戏的乐趣；可以成为薇娅的粉丝享受最好的价格、最好的交易；可以在李子柒的视频里寻找对自然和美的向往，可以在洛天依身上感受到自己参与了创造偶像的喜悦。新型零售提供的是令人难以置信的用户体验。

过去，零售和服务是两个独立的行业，但是在新型零售时代，这两个行业是深度融合的。物流、快递和外卖是新型零售当中最典型的服务，自不必说。除此之外，我们也看到了薇娅和李佳琦如何不遗余力地与品牌进行讨价还价，以确保粉丝能够得到最好的交易，以及李子柒如何花长达两年的时间，制作一个 14 分钟的美轮美奂的视频。这些努力虽然是消费者看不见的，但它们也构成了最终的服务。

如图 11-1 所示，新型零售是以大数据和人工智能为基础，以用户体验为中心，以服务为宗旨的零售形式。零售的三个要素（货、场、人）之间的关系已从最初的"货场人（产品为王）"演变为"场货人（渠道为王）"，并发展到现在的"人货场（用户为王）"（图 11-2）。这样的发展轨迹，是经济发展和物质丰富、技术进步和互联网广泛覆盖的必然结果。

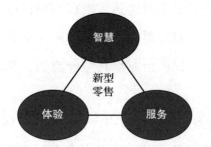

图 11-1　智慧 + 体验 + 服务 = 新型零售

将来，全球范围内的新型零售不一定会采用与中国相同的模式和形式，但是经济和技术发展所引领的趋势（用户为王）很可能是相同的。

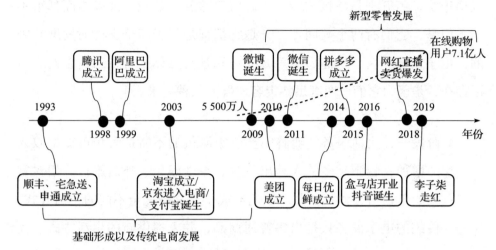

图11-2　中国电子商务和新型零售朝着"用户为王"的方向发展

无界的新型零售：一切都围绕用户需求/痛点

支持新型零售发展的四个支柱分别是电子商务、快递、第三方支付和社交媒体。尽管没有这四个支柱，新型零售业仍旧能够发展，但可能无法达到如此的速度。

在本书的前4章中，我们回顾了中国电子商务平台的发展。我们从1999年阿里巴巴成立、电子商务的发展开始，也讲述了其他三个支柱的建设。1999年至2009年被称为是传统电子商务的时代。在这十年中，电子商务在中国迅速发展，在线购买商品的观念已被广泛接受并付诸实践。从2010年开始，智能手机变得越来越普遍，社交媒体平台（尤其是微信）开始在人们的日常生活中占据主导地位。有了发展的土壤也有了种子。中国的新型零售开始以各种各样的形式展开。

从第 5 章到第 9 章，我们研究了中国新型零售的五个阶段。第一是生活服务；第二是生鲜线上线下的融合；第三是社交电商；第四是网红直播带货；第五则是终极体验零售。所有这五个阶段在许多方面都很不同，但是，它们有两个共同点：一是它们都是基于四个支柱而发展起来的：电子商务平台、快递、第三方支付和社交媒体平台；二是它们之所以存在，是因为它们试图满足特定客户群的某种需求。

◆ **阶段一**：生活服务。随着中产阶级队伍的不断扩大和可支配收入的增加，越来越多的人外出就餐、享受娱乐、外出旅行。相对富裕的年轻白领尤其如此。他们形成了与父母完全不同的生活方式。传统的电子商务只是出售普通商品，并未提供新的生活方式。而美团和口碑通过提供在线餐厅评论、点外卖、酒旅预订、订购电影票、共享单车等服务，满足了客户对生活服务的需求，甚至发展成了提供几乎所有类型生活方式服务和娱乐活动的超级平台。

◆ **阶段二**：生鲜线上线下的融合。淘宝、京东和美团似乎已经把所有东西，包括商品和服务，都搬到网上了，除了一个非常高频的基本需求类别：生鲜。蔬菜、水果、肉蛋禽和海鲜等生鲜是普通中国人日常生活中最不可或缺的东西。但是，由于物流成本高、价格低，容易腐烂，生鲜的在线渗透率一直很低。随着四个支柱，尤其是物流日益发达，生鲜电商创新的、不同的模式开始出现。盒马把线上 App、线下店和配送结合在一起；每日优鲜设计了前置仓的战略，实现了小时级的配送；京东到家推出 O2O 的模式，与超市合作，能够在 1～2 个小时的时间内完成配送。对于生鲜电商来说，最具挑战性的部分是物流，所以这个领域的所有主要参与者都花了很大的精力来提高物流效率。但是，似乎他们都应该问这样一个问题：什么时候才能收支平衡甚至赚钱？

阶段一和阶段二将在线零售的产品类别扩展到了传统电子商务无法涵盖的生活服务和生鲜。

◆ **阶段三**：社交电商。一二线城市的中产阶级能够享受美团和盒马等创新模式提供的新型零售的便利，但是，仍有10亿中国人生活在小城市、乡镇和农村地区，他们对价格更为敏感。在中国，约有6亿人的月收入只有1000元，他们并没有充分地享受到电子商务所提供的服务。拼多多利用微信的社交网络，进入了这一空白的细分市场。除了拼多多，还有社区团购。社交电商的重点是为这6亿未被充分服务的消费者提供价格合理的产品，这可能也是中国40多年来成为"世界工厂"的使命所在。

◆ **阶段四**：网红直播销售。网红直播销售和社交电商有一个共同点：有竞争力的价格。拼多多依靠微信等社交网络以低价吸引消费者进行团购，而网红直播销售则依靠网红的个性以低价来吸引顾客购买某些产品。这不是巧合。与淘宝等网站的搜索栏相比，在消费者心里，拥有良好声誉并与粉丝建立了密切关系的网红更可靠。在中国的电子商务中，依旧存在着信任缺失，这些网红填补了这一空白。值得注意的是，参与直播销售的不仅有专业网红，还有企业的CEO们和政府工作人员。在这个时代，只要是拥有粉丝的人都有可能成为直播带货的网红。

第三阶段和第四阶段将电子商务的覆盖范围从一线和二线城市扩展到三线到六线城市，并为低收入消费者提供了参与新型零售的创新模式。

◆ **阶段五**：终极零售。这个阶段与其他四个阶段有着显著的不同。一些才华横溢的艺术家开始在网上分享他们的热爱。在某种程度上，他们分享的不仅仅是激情。他们将对某种事物的热爱变成了普通人可以欣赏或渴望的一种艺术形式。粉丝被他们的才华和深厚的知识所深深吸引，想要参与并成为其中的一部分。这些艺术家的作品中从来不会出现"买"的字眼，他们的产品却受到热烈欢迎。

新型零售的四个支柱和五个阶段如图 11-3 所示。

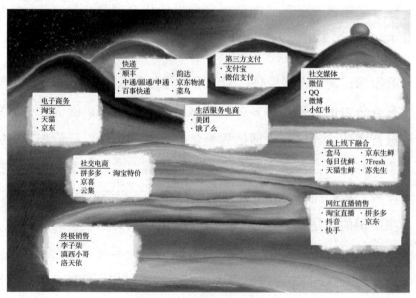

图 11-3　新型零售的四个支柱和五个阶段

新型零售的发展对全球性的公司在中国的发展意味着什么？我们来看看欧莱雅中国是怎么做的。

从美团到盒马再到京东，从李佳琦到李子柒和洛天依……似乎这些参与者都是中国人。那么新型零售将如何影响中国市场的全球参与者？

2018年，欧莱雅中国的营业额同比增长33%，创历史新高。[332] 2019年，又创下了15年来的新纪录——增长了35%以上。[333] 目前，欧莱雅集团35%的销售额来自中国，中国是欧莱雅仅次于美国的第二大市场。[334] 考虑到近年来中国本土美容品牌也在快速地崛起与发展，欧莱雅的表现可谓十分出色。2019年，它在中国高端化妆品领域排名第一，市场份额为15.2%。在大众化妆品领域的份额为7.5%，仅次于宝洁，排名第二。[335]

欧莱雅中国强劲表现的背后是什么？ 2018年，欧莱雅中国线上销售额占总销售额的比重超过35%，高于2017年的25%。线上销售额占欧莱雅2018年全球销售额的11%。欧莱雅中国区首席执行官斯铂涵（Stephane Rinderknech）表示，电子商务推动了欧莱雅中国在2018年的整体增长，尤其是二线城市的消费者的增长。"我没有看到消费降级，三、四线城市正在消费升级。"[336] 以欧莱雅的高端美容品牌YSL为例：YSL美容产品销售额的48%来自没有实体店的城市。换句话说，有很大一部分销售是在线上完成的。[337]

为了更深入地了解欧莱雅如何在中国市场取得如此优异的成绩，让我们来看看欧莱雅在如何运营"双十一"购物节。

"双十一"无疑是中国最重要的购物节。"双十一"的历史要追溯到2009年，当时全球大部分发达国家都笼罩在全球金融危机的阴霾下，中国并非完全不受影响。阿里巴巴的总部设在杭州，只有十几个人。为什么选择11月11日呢？这天原本是年轻人庆祝单身的日子，而阿里巴巴则将目光投向了这部分人群。最开始这只是一个营销噱头，一个尝试，没有人能猜出它会取得多大的成功。但是，当天中午，许多天猫的商家都报告卖断货了。第一次"双十一"购物节，总销售额为5200万元人民币，与之前的日销售额相比，这绝对是一笔不可思议的巨额收入。

2010年的第二个"双十一"购物节俨然成了阿里巴巴一年中最重要的一天。那一年的销售额和第一年相比呈现几何级的增长，达到9.36亿元，是2009年的18倍。

2019年的"双十一"已经是全国性的购物狂欢。天猫当天的总交易量为12.9亿个包裹，380亿美元，比2018年的310亿美元增长了22.5%。[338] 2020年，阿里巴巴把"双十一"购物节从1天延长到了11天，从11月1日就开始了。天猫在这11天的总交易量为22.5亿个包裹，750亿美元，与2019年同期（11天）相比又增长了25%。现在，"双十一"购物节已经不仅属于天猫和淘宝，而是全网全国，京东、拼多多等平台也都在"双十一"进行盛大的促销活动。

在中国，对任何品牌来说，"双十一"无疑都是非常重要的活动。

在2019年"双十一"，欧莱雅中国继续捍卫其在天猫美妆第一的宝座，欧莱雅和兰蔻品牌分别获得第一和第二名，仅仅一天，两个品牌的销售额都超过了10亿元。[339] 2020年，欧莱雅已经连续四年成为天猫美妆第一，发出了超过2000万个包裹。在2020年天猫"双十一"销售额排名前15的品牌中，有5个属于欧莱雅，[340] 其中兰蔻和巴黎欧莱雅的销售额都超过20亿元。[341]

让我们看看欧莱雅是如何为2020年"双十一"做准备的。

- 从9月开始，欧莱雅就通过其官方微博账号发布了"双十一"的预热活动。

- 邀请王源、邓伦、朱一龙等电影明星为代言人。代言人还在自己的微博账号分享代言的信息，有的信息甚至被转发了超过100万次。

- 从10月21日的午夜开始，以天猫为代表的主要电子商务平台都启动了"双十一"的预售活动。欧莱雅与薇娅和李佳琦形成了密切的合作；薇娅一个人就实现了兰蔻20%的销售，薇娅和李佳琦两个人占巴黎欧莱雅品牌产品"双十一"近50%的销售额。[342]

- 欧莱雅线下快闪店于2019年11月1日在杭州的银泰购物中心开业。2020年"双十一"，欧莱雅重新开放了快闪店，这样线下快闪店就可以和欧莱雅的线上店互相导流。

- 从10月开始到"双十一"，欧莱雅在抖音、小红书、微博、微信、今日头条等平台上都启动了促销活动。许多KOL在各个平台上发布种草内容，影响消费者的购买欲望。

- 从10月21日开始，欧莱雅邀请许多网红在天猫旗舰店进行直播带货。它们通过各种活动吸引消费者的注意，例如抽奖、发放优惠券和其他一系列的促销活动。

从"双十一"的活动中，我们可以窥到欧莱雅中国如何利用新型零售的方式在红海市场中实现增长。它利用了传统的电子商务平台、线上线下融合的模式、网红直播带货、旗舰店自播销售和社交媒体的内容营销。实际上，网红直播销售是欧莱雅中国以一种非常特殊的方式参与创建和发起的。为什么这么说？李佳琦就是参加了欧莱雅中国和一家 MCN 机构（美 ONE）发起的 BA 网红化活动，而从欧莱雅化妆品柜台的一个美容顾问（BA）成了一个直播带货的网红。虽然欧莱雅是一家外国公司，但还是参与到了中国新型零售发展的最前沿。当然，也享受到了中国新型零售发展的红利。

2018 年 9 月，欧莱雅中国与天猫新产品创新中心达成了战略合作协议。双方同意根据阿里巴巴提供的大数据共同研发产品。这项合作的首款产品零点霜于 2019 年推出。

关于新型零售的学习：超越价值链模型

中国的新型零售的发展与全球的参与者都息息相关，不管他们的业务在中国还是中国以外。从发展的角度来看，中国的新型零售业提供了有趣的学习经验，这些经验具有普遍的应用价值。

学习之一：超越客户痛点。

在中国，新型零售的每个阶段都开始于客户的痛点。那些在艰难的竞争中生存下来的公司，就是找到了解决痛点的方法。这个逻辑并不新鲜。西方公司多年来一直在寻找客户痛点。不同的是，这些公司在解决了痛点问题之后，又提出了第二个关键问题：顾客的支付意愿和支付能力。西方的以客户为中心的模型建立的逻辑是，我们发现痛点，我们寻找解决方案，然后建立商业模式来获取其中的价值。中国的逻辑是，我们从痛点入手，找到解决方案，询问客户的支付能力如何，然后建立一个在其支付意愿范围内的商业模式。但是，按照中国的这种逻辑，企业如何才能获利呢？事实上，最初它们并没有获利。它们的赌注是，一旦有足够的客户流量，它们就可以通过扩展产品类别和服务来赚钱。淘宝和京东走这条路，美团、盒马和拼多多也紧随其后。薇娅更是清楚地理解了粉丝们愿意付费的重要性。

即使它们解决了第一个障碍（客户支付能力的大小），成功的中国零售商也会竭尽全力消除任何生理或情感上的障碍，使在线购物的过程能够更加轻松地进行。它们通过最佳产品化来实现这一目标。产品化不是关于实际产品的提供和交付，而是要把整个消费者体验的过程产品化。这个过程包括研发、搜索，根据客户的喜好和购物行为推荐正确的产品，与 App 互动，建立信任关系，付款，配送以及售后服务。最佳的产品化消除了可能造成潜在客户无法完成订单的任何不便之处。这种毫无障碍的过程转化为客户在网上下单的信心。最终，所有最佳产品化的解决方案都将成为超级 App（美团、拼多多、微信、支付宝）。

学习之二：超越购物的界限。

传统零售是关于金钱和商品的交换。在新型零售时代之前，客户打开京东或淘宝是因为他们需要买东西。而如今，当三四线城市的年轻人在手机上观看薇娅的直播时，他们可能并没有想要买某种具体的商品，但他们不想错过"好东西"。当他们每天登录拼多多时，他们也没有特定的购物计划，他们去多多果园玩游戏，积累积分以便以后兑换真实的商品。当他们在抖音上刷短视频时，他们也并没有考虑购物。但是，当刷到有趣的东西时，就很可能会点击链接购买。现在，你已经很难将购物与娱乐分开，它们彼此包含。

新型零售是关于关系和信任的。在传统零售中，人们信任品牌。在新型零售中，则依靠对朋友的信任。拼多多在五年内累积了超过7亿的活跃用户，最主要的原因就是它使用了微信上的熟人关系。网红能否持久地成功取决于粉丝对他们的信任，粉丝相信他们为了能够为粉丝选到最好的产品和争取最佳的价格付出了极大的努力。

新型零售是关于共同创造的。特别是对于Z世代，他们对自我表达充满信心，而对单向沟通的局限性很不满意。他们不想只是作为被动的接受者，他们有强烈的愿望共同参与创造产品。典型的例子就是洛天依，关于她的一切都是由她的粉丝创造的，他们将自己的愿望和欲望投射到洛天依这样难以捉摸的多变角色上。而且，他们很乐意为他们参与创造的东西付费。现在，产品与消费者的关系正在发生微妙的变化：不再仅仅是产品能为我做什么，而是我可以如何和产品一起做些什么。

学习之三：超越苹果和亚马逊的商业模式。

在谈论全球成功的商业模式时，我们会想到以产品赢得市场的苹果，和以规模赢得市场的亚马逊。向苹果和亚马逊学习并效仿它们的成功模式当然有其道理，但是，并不是每个公司都能成为苹果或亚马逊，苹果和亚马逊的模式也并不适合所有领域。除了这两种之外，还有更多的、数字化的商业模式可用。让我们看看其他五种制胜的商业模式。

- ◆ 美团模式，通过构建一个囊括几乎所有生活方式服务的超级App而获胜。

- ◆ 盒马模式，通过线上、线下和物流相结合成为生鲜领域的一匹黑马。并且在生鲜这个细分市场中，有多种不同的模式服务于不同的需求场景。

◆ 拼多多模式，利用社交网络获客，并将客户与制造商联系起来而快速发展。

◆ 薇娅和李佳琦通过建立个人信任和为客户提供最好的价值而获胜。

◆ 李子柒通过实现人们内心对"香格里拉"的呼唤而成功。

在当今世界，没有哪几种商业模式是万能的。对于任何想赢得中国市场的公司来说，重要的是渠道和商业模式的组合。

学习之四：超越企业内部实验室。

让我们看看欧莱雅如何在中国做新产品的研发。欧莱雅在网上招募了大约1000名18～35岁年龄段的女性消费者，这些消费者来自一线到五线城市，在过去一年都在天猫或淘宝上购买了面霜。欧莱雅向这些消费者收集了有关"理想面霜"的想法。根据这些反馈，最终研发出来的产品是根据熬夜需要而制成的面霜，称为"零点霜"。整个过程，从消费者调研到产品发布仅用了59天。如果遵循正常的公司创新流程，至少要花费一到两年的时间。零点霜上市第一天，便售出了十万盒以上。

在序章中，我们也提到了，雀巢如何与天猫创新中心合作生产了第一款水果风味的雀巢咖啡。这与大多数公司传统上进行创新的方式大相径庭，传统的方式都是在公司内部的实验室或者研发中心研发和完善新产品。

如今，中国新的零售格局大大缩短了品牌与客户之间的距离。无论是欧莱雅在59天内推出的零点霜，还是雀巢在四个月内推出三种水果咖啡，中国都提供了低成本、快速实验的土壤。虽然正式的、内部的、严格的、基于研究的创新和实验具有自己的定位和优点，但我们也看到在中国还有很多公司正在实践所谓不完美的、快速的、方便的替代研发方法。

学习之五：超越前端零售。

从表面上看，这些新型零售模式都是在零售的前端进行创新。它们看起来像是新的数字化的渠道，可以覆盖触达更广泛的消费者群体。但是本质上，支持前端变化的，是后端供应链的巨大变化。

如果没有成千上万的由智能路线算法指挥的外卖小哥，就不会有美团；如果没有建立生鲜产品的供应链，就没有盒马；如果没能与需要渠道销售超额产能的小型代工厂或农民建立链接，就没有拼多多；如果没有敏捷的供应链，没有实现以天为计量单位的设计到市场的周期，就不会有网红直播带货。新型零售确实远远超出了数字化渠道。它涉及从工厂到最终用户的整个价值链的整合。想要参与新型零售，需要重新考虑的是整个价值链，并且拥有改变业务模式的勇气和决心。

学习之六：超越 B2C。

超越前端零售就是要整合从前端到后端的整个价值链，那么超越 B2C 就是要将 B2C 与 C2B 融合在一起。B2C、C2C 和 B2B 我们都已经非常熟悉。亚马逊、天猫和京东是典型的 B2C 业务。淘宝和 eBay 是 C2C 业务；阿里巴巴是 B2B 业务。从电子商务发展的早期开始，这三种模式就已经并存，而现在，第四种 B 和 C 的排列组合方式——C2B 终于出现了。C2B 的核心特征是用户驱动。阿里巴巴已经开始了 C2B 实践。2014 年，天猫电子渠道宣布与美的、九阳、苏泊尔和艾美特等十个知名品牌的 12 条生产线签约。产品包括厨房电器、吸尘器、电风扇等主要类别。合作的方式是天猫根据收集的数据分析结果，指导这些产品的研发、设计、生产和定价。例如，消费者对美的电饭锅的反馈是很容易弄脏，因此天猫的生产线将其改进为全钢设计、不仅外观坚固，而且更加耐用和干净。人们喜欢九阳豆浆机的"豪华金"，因此生产线保留了这种颜色；因为这款豆浆机定位于25～35岁的"懒人"，因此增加了免过滤的快速研磨功能，从而节省了用户的时间和精力。

拼多多在2018年启动了"新品牌计划"，目标是支持各行各业的1000个工厂品牌。在新品牌计划中，拼多多向制造商提供的支持不仅更多地向消费者流量倾斜，更重要的是，通过拼多多平台上的大数据提取用户的需求信息，并使用大数据的分析结论为研发、设计提供建议和方向。

以上"六个学习"构成了"超越价值链模型"的基础，如图11-4。超越价值链模型提供了一种查看客户、产品、商业模式、创新、供应链和生态系统的新方法。这和过去的商业模式有所不同。因为这些超越的趋势，那些在过去曾经帮助公司成功的因素在将来可能会失效。未来是关于"超越"的转型，已有的界限将不断地被超越（见图11-4）。

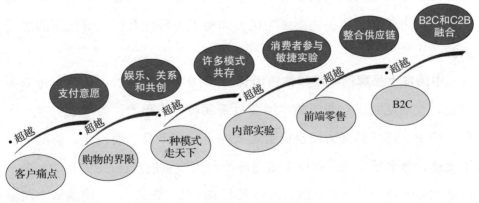

图11-4　超越价值链模型

为未来做准备：未来有哪些重要趋势

下沉市场具有巨大的增长前景。 下沉的市场指的就是消费金字塔底部的消费者。下沉市场的概念源于拼多多和快手成功地扩张进入三线以下的城市和广大的农村地区。下沉市场消费者的典型特征是，他们未受过良好的教育，收入较低且有更多的闲暇时间。电子商务经过20多年的发展，一线和二线城市用户的竞争已经非常激烈，渗透率早已饱和。但同时，在中国有超过10亿人居住在传统电子商务未能触达的三线及三线以下城市。在中国，没有任何新的零售商可以承受放弃下沉市场的巨大代价。

对中国市场的竞争越来越激烈。 在当下瞬息万变的全球环境和中美关系中，全球化的步伐可能会受到阻碍。TikTok在美国的经历，以及在印度被禁止也说明了这一趋势。字节跳动在两个最重要的全球市场的扩张停滞不前，它可能会将资源重新聚焦于中国市场。字节跳动的快速增长已经对阿里巴巴和腾讯构成了挑战，而字节跳动重新专注于中国，对大部分业务来自国内的阿里和腾讯来说应该不是个好消息。字节跳动的经验表明，中美脱钩可能使更多中国公司更加专注地在国内寻找新的增长来源。

中国本土品牌的崛起和快速增长。 2019年天猫金妆奖的得主是完美日记，一个刚刚成立两年的中国美妆新品牌。十年前，为了吸引本地客户，许多中国品牌努力使自己看起来像是外国产品。而现在，情况发生了变化，越来越多的品牌以中国的传统和风格塑造自己。2019年，李宁最受欢迎的鞋子之一是在纽约时装周上推出的"悟道"。悟道的概念深深植根于中国道教。除了以上提到的这些，拼多多等新型零售平台已开始与本地制造商合作,来提升"中国制造"的影响力。

会有更多像李子柒这样的艺术家走红。微博和小红书等社交媒体的兴起,抖音和快手等短视频平台的繁荣,为李子柒这样的艺术家提供了机会。63 岁的老木匠阿木爷爷通过在今日头条和西瓜视频上发布短视频而走红。他甚至在 YouTube 上也引起了很多粉丝关注,被称为"21 世纪的鲁班"。阿木爷爷采用古老的中国榫卯技术来制造各种手工艺品,在整个过程中不使用钉子或胶水。在广袤的中国大地上,有许多人才尚待发现,会有越来越多的李子柒涌现。

食品安全变得越来越重要。2020 年新冠肺炎疫情的暴发引起了消费者对于食品安全的空前关注。全国都加强了食品的溯源管理。食品安全问题在中国已经存在很长时间了。在新冠肺炎疫情暴发之前,先后发生过禽流感以及由农药残留引起的食物中毒等事件。如今,物联网技术的成熟使食品溯源成为可能。2020 年 6 月,阿里巴巴旗下的阿里健康公司推出了"码上放心",使用物联网和云计算等技术,通过独特的"电子身份证"(条形码或二维码)来对产品进行标记溯源。

临期食品商店将成为未来十年增长最快的业务之一。所谓临期食品商店,是出售已经临近到期日的商品的商店。这些商品仍在保质期内并且可以安全食用,但是一般的商超不愿意冒险库存和销售临期食品。临期食品商店的价格优势显而易见。在北京一家销售进口商品的折扣店中,普通商店中标价 169 元一箱的进口矿泉水,客户在这里花 99 元就可以买到两箱。近年来,尽管实体零售一直停滞不前,但是临期食品商店不仅在中国,而且在全世界都很流行。2016 年,美国的社区折扣连锁超市 Dollar General 从沃尔玛收购了 41 家社区超市。在中国,临期食品商店也如雨后春笋般开起来了。同时,还有许多手机 App 和淘宝网店也出售临期商品。有趣的是，在临期食品商店购物的顾客不仅仅是想要省钱的老年人，还有不少年轻顾客。他们将临期食品店看作是减少食物浪费，并为低碳和环境友好型社会做出贡献的新方法。据估计，中国流通中的粮食浪费每年高达上千亿。临期食品商店将成为品牌生产商在面临即将到期的产品库存过多时可以考虑的另一个新的零售场所。

新型零售是智慧的零售，大数据、机器学习和复杂的算法在新型零售中扮演着至关重要的角色。杀手算法将"相关的"新闻和短视频推送给用户，这在很大程度上是今日头条、拼多多、抖音和快手成功的原因。推荐算法可帮助人们做出更好的决策，从而最大限度地减少搜索时间。随着数据和对用户偏好的理解越来越多，系统就可以做出更准确的建议，从而也对用户产生更多的黏性。

无人配送将支持更多新型零售的模式。2020年初的新冠肺炎疫情加速了无人配送的发展。在疫情期间，自动送货的机器人成为非接触式配送的解决方案，在北京、武汉、长沙、成都和其他很多城市提供配送服务。当无人配送机器人出发进行送货时，会向收货人发送一条消息。到达交货地点时，收货人会收到语音呼叫或短信。收货人所需要做的就是在配送机器人的屏幕上点击相应的箱门取出货物。收货人关上门后，机器人就会离开向下一站行进。阿里巴巴、京东、顺丰快递和美团均在部署自动送货的工具，以解决"最后一公里"的配送问题。自动配送机器人在保持食物新鲜和保温方面做得更好。预计在未来的三到五年中，自动配送将被广泛使用。

这些新的零售模式在中国的土地上如雨后春笋般涌现，当然与中国电子商务、物流、支付、社交媒体等独特的发展阶段和中国的人口、地域、市场的多层次性和文化等相关。如果没有了这些条件，或者说在世界其他地方，这些新的零售模式也可以发展和应用吗？中国的模式值得全世界来研究和学习吗？答案是肯定的。先别说中国庞大的经济体量对于任何企业来说都是不能够忽视的，即使放眼全球市场，我们也认为中国在这个阶段的新型零售实践中处于遥遥领先的地位，并且已经在影响其他亚洲国家甚至欧美国家。中国，正在为全世界重塑零售业。

注　释

1. https://www.askci.com/news/chanye/20200629/1754341162727.shtml 2019 年 6 月，家乐福以 14 亿美元的价格将其大部分业务出售给了在线零售商 Suning.com（https://www.ft.com/content/87530eaa-95a5-11e9-8cfb-30c211dcd229）。
2. https://www.thepaper.cn/newsDetail_forward_7289248.
3. https://finance.ifeng.com/c/81IEquKmpFl，https://baijiahao.baidu.com/s?id=1683155606428132960&wfr=spider&for=pc.
4. https://www.sohu.com/a/383555130_120632139.
5. https://finance.ifeng.com/c/81IEquKmpFl，https://baijiahao.baidu.com/s?id=1683155606428132960&wfr=spider&for=pc.
6. https://www.sohu.com/a/353664358_162818.
7. 三只松鼠 2019 年年报。
8. http://stock.eastmoney.com/a/201907261189558875.html.
9. http://www.iheima.com/article-229974.html.
10. https://eur02.safelinks.protection.outlook.com/?url=https%3A%2F%2Fwww.economist.com%2Fleaders%2F2021%2F01%2F02%2Fwhy-retailers-everywhere-should-look-to-china%3Futm_campaign%3Dthe-economist-this-week%26utm_medium%3Dnewsletter%26utm_source%3Dsalesforce-marketing-cloud&data=04%7C01%7Cyunfei.feng%40imd.org%7C8eaf0e3943314c99948d08d8af04fafe%7Cd3113834f50947508faf7c92d551149c%7C0%7C0%7C637451783206756893%7CUnknown%7CTWFpbGZsb3d8eyJWIjoiMC4wLjAwMDAiLCJQIjoiV2luMzIiLCJBTiI6Ik1haWwiLCJXVCI6Mn0%3D%7C1000&sdata=uVkrgRFlAG2UpMl08tU2mq4ukT4q0BHsjvaUMW41bcY%3D&reserved=0.
11. https://www.linkedin.com/pulse/nokia-ceo-cries-we-did-do-anything-wrong-somehow-lost-floreta/.
12. https://finance.sina.com.cn/stock/hkstock/hkstocknews/2020-04-28/doc-iirczymi8828744.shtml .
13. https://new.qq.com/rain/a/20200617A0NHDV00.
14. https://mp.weixin.qq.com/s/v4Qd1WvlEZ7lhQu6jQqPuA.
15. https://mp.weixin.qq.com/s/Ngb0UMeNHAu1K_ARXctJyw.
16. http://finance.sina.com.cn/roll/2020-04-20/doc-iircuyvh8889327.shtml.
17. 刘淑霞．人物传记袖珍馆 4：马云传 [M]．哈尔滨：哈尔滨出版社，2013．
18. https://www.alibabagroup.com/cn/about/history?year=1999.
19. https://www.alibabagroup.com/cn/about/history?year=2000.
20. https://www.alibabagroup.com/cn/about/history?year=2001.
21. 刘淑霞．人物传记袖珍馆 4：马云传 [M]．哈尔滨：哈尔滨出版社，2013．
22. http://www.people.com.cn/wsrmlt/jbzl/2000/05/tanhy/0403.html.
23. http://www.techwalker.com/2000/1013/13759.shtml.
24. http://www.people.com.cn/GB/it/1067/1913012.html.
25. http://www.100ec.cn/detail--6184688.html.

注　释

26. 唐明华. 大风歌：中国民营经济四十年 [M]. 济南：山东人民出版社，2018.
27. https://www.antfin.com/newsDetail.html?id=590a99df70cfc66a14177b6a.
28. https://tech.sina.com.cn/i/w/2004-02-05/1601288529.shtml.
29. http://t.dangdang.com/oursHistory.
30. 方兴东. 我的创业史 [M]. 北京：东方出版社，2017.
31. 方兴东. 我的创业史 [M]. 北京：东方出版社，2017.
32. https://newseed.pedaily.cn/data/invest/26683.
33. https://tech.sina.com.cn/csj/2018-09-10/doc-ihivtsym1048264.shtml.
34. https://newseed.pedaily.cn/data/invest/27527.
35. http://stock.10jqka.com.cn/20101222/c521533692.shtml.
36. http://tech.163.com/11/0317/15/6VC09BEG000915BF.html.
37. https://www.sohu.com/a/390499854_116132.
38. Liu Qiangdong Weibo, 2012-08-14.
39. 方兴东. 我的创业史 [M]. 北京：东方出版社，2017.
40. 京东 2019 年年报。
41. http://news.sina.com.cn/c/2009-11-10/032116580033s.shtml.
42. http://www.199it.com/archives/200124.html.
43. https://xueqiu.com/1175857472/136197874?refer=status.
44. https://m.huxiu.com/article/34305.html.
45. http://www.100ec.cn/detail--6539162.html.
46. https://www.sohu.com/a/125648388_115514.
47. 中国邮政快递报社. 无处不在 [M]. 北京：中信出版社，2019.
48. http://economy.caixin.com/2019-01-24/101373750.html.
49. http://finance.people.com.cn/n/2015/0101/c1004-26310867.html.
50. 2019 年邮政行业发展统计公报，https://mp.weixin.qq.com/s?__biz=MzIxNjY1NzI4NQ==&mid=2247492163&idx=1&sn=888e31409320d307e662e19b4cb14973&chksm=97871ea9a0f097bf77978afd2cfb41e1ef15392e18e89a2e20c1444df2d0b3a3ffb9eb3f0a62&scene=4#wechat_redirect.
51. 王楠. 王卫：顺丰而行新蓝领时代骄子 [M]. 北京：北京时代华文书局，2018.
52. https://tech.sina.com.cn/it/2017-02-28/doc-ifyavvsh7032231.shtml.
53. 顺丰控股 2019 年年报。
54. 顺丰控股 2019 年年报。
55. http://www.chyxx.com/industry/202005/863239.html.
56. http://www.21xie.com/new_view.asp?id=1540.
57. https://www.cn-healthcare.com/article/20141125/content-464358.html.
58. http://hunan.sina.com.cn/news/2016-08-23/detail-ifxvcsrn8978297.shtml.
59. 中国邮政快递报社. 无处不在 [M]. 北京：中信出版社，2019.
60. http://www.chyxx.com/industry/201908/768632.html.
61. https://finance.sina.com.cn/360desktop/stock/s/2016-10-21/doc-ifxwztru6736042.shtml.
62. https://finance.sina.com.cn/stock/usstock/c/2016-10-27/us-ifxxfysn7887659.shtml.
63. https://m.chinaz.com/mip/article/636315.shtml.
64. https://baijiahao.baidu.com/s?id=1568310630162625&wfr=spider&for=pc.
65. https://finance.sina.com.cn/roll/2017-02-24/doc-ifyavwcv8744182.shtml.

66. 中国邮政快递报社．无处不在 [M]．北京：中信出版社，2019．
67. 中国邮政快递报社．无处不在 [M]．北京：中信出版社，2019．
68. http://www.chinairn.com/hyzx/20190413/14165837.shtml．
69. https://www.sohu.com/a/391455538_115503?scm=1002.590044.0.2743-a9．
70. 京东 2019 年年报。
71. 京东 2019 年年报。
72. 京东 2019 年年报。
73. 京东 2019 年年报。
74. https://www.sohu.com/a/359174447_250147．
75. https://mp.weixin.qq.com/s/ZlZR1w1d-5YJYe55oxVLmQ．
76. https://36kr.com/p/1258066420992264．
77. https://tech.sina.com.cn/i/2018-05-29/doc-ihcffhsu8144410.shtml．
78. http://field.10jqka.com.cn/20170601/c598748412.shtml．
79. https://www.cainiao.com/markets/cnwww/aboutus?spm=a21da.148512.0.0.25f0304530C1j．
80. https://www.cainiao.com/markets/cnwww/cn-news-detail?spm=a21da.144546.0.0.1ce43045uUBAvb&id=71．
81. https://baijiahao.baidu.com/s?id=1649978611166388024&wfr=spider&for=pc．
82. 汇率：1$=7.7352HKD。
83. https://m.huxiu.com/article/24537.html．
84. https://www.cainiao.com/markets/cnwww/aboutus-milestone-new?spm=a21da.7827996.0.0.5f1045c0uZGtGr
85. https://tech.qq.com/a/20170318/000054.htm．
86. https://baijiahao.baidu.com/s?id=1601946360412886890&wfr=spider&for=pc．
87. 中国邮政快递报社．无处不在 [M]．北京：中信出版社，2019．
88. https://tech.sina.com.cn/i/2018-05-29/doc-ihcffhsu8144410.shtml．
89. https://baijiahao.baidu.com/s?id=1653055662303850787&wfr=spider&for=pc．
90. https://baijiahao.baidu.com/s?id=1686657975441124366&wfr=spider&for=pc．
91. https://mp.weixin.qq.com/s/9W67TmVq2ISlIdHQctyn2A．
92. 方兴东．我的创业史 [M]．北京：东方出版社，2017．
93. https://www.sohu.com/a/70156884_260113．
94. 顺丰 2019 年年报。
95. https://www.sohu.com/a/325455113_343156．
96. 由曦．蚂蚁金服：科技金融独角兽的崛起 [M]．北京：中信出版社，2017．
97. 由曦．蚂蚁金服：科技金融独角兽的崛起 [M]．北京：中信出版社，2017．
98. https://site.douban.com/186720/widget/notes/11049613/note/251005100/．
99. Mark Greeven, Wei Wei, Business ecosystems in China.
100. https://www.iimedia.cn/c1061/67391.html．
101. https://3g.163.com/news/article/FCBSLIEQ0519811T.html．
102. https://kuaibao.qq.com/s/20200401AZP0BX00?refer=spider．
103. Mark Greeven, Wei Wei, Business ecosystems in China.
104. http://www.southmoney.com/lilv/dingqicunkuanlilv/201311/36329.html．
105. 由曦．蚂蚁金服：科技金融独角兽的崛起 [M]．北京：中信出版社，2017．

注　释

106. https://m.yicai.com/news/785795.html.
107. https://www.mybank.cn.
108. https://baike.baidu.com/item/ 蚂蚁科技集团股份有限公司 ?fromtitle= 蚂蚁金服 &fromid=15897076.
109. https://www.forbes.com/sites/sarahhansen/2020/10/26/ant-group-will-raise-345-billion-in-biggest-ipo-ever/?sh=65b538e76072.
110. https://baike.baidu.com/item/ 蚂蚁科技集团股份有限公司 ?fromtitle= 蚂蚁金服 &fromid=15897076.
111. https://www.sohu.com/a/22314568_115035.
112. https://www.sohu.com/a/281851614_100038287.
113. https://www.sohu.com/a/281851614_100038287.
114. 吴晓波．腾讯传（1998-2016）[M]．杭州：浙江大学出版社，2017.
115. 吴晓波．腾讯传（1998-2016）[M]．杭州：浙江大学出版社，2017.
116. https://xw.qq.com/cmsid/20200307A0KWVG00.
117. https://pcedu.pconline.com.cn/1355/13557685.html.
118. 吴晓波．腾讯传（1998-2016）[M]．杭州：浙江大学出版社，2017.
119. 吴晓波．腾讯传（1998-2016）[M]．杭州：浙江大学出版社，2017.
120. https://zhuanlan.zhihu.com/p/55961764.
121. https://www.weibo.com/p/1003061549362863?is_all=1.
122. https://baijiahao.baidu.com/s?id=1670265829620461660&wfr=spider&for=pc.
123. 李开复．微博：改变一切 [M]．上海：上海财大出版社，2011.
124. http://www.woshipm.com/evaluating/1931606.html.
125. http://www.woshipm.com/evaluating/1931606.html.
126. http://www.linkshop.com.cn/web/archives/2020/445126.shtml.
127. https://www.sohu.com/a/348384520_730804.
128. 吴晓波．腾讯传（1998-2016）[M]．杭州：浙江大学出版社，2017.
129. https://www.bbc.com/future/article/20201117-how-china-social-media-apps-are-changing-technology.
130. https://www.mckinsey.com.cn/mapping-chinasmiddle/.
131. http://www.chyxx.com/industry/202005/866720.html.
132. http://www.tripvivid.com/articles/13358《"千禧一代"消费行为报告》.
133. https://tech.sina.com.cn/zt_d/meituandianpingipo/.
134. https://www.laohu8.com/stock/.
135. https://tech.sina.com.cn/csj/2018-11-19/doc-ihnvukff4523950.shtml.
136. https://finance.ifeng.com/c/7hqVWCosXnk.
137. https://www.sohu.com/a/273459330_136682.
138. https://www.ssffx.com/xinqingsuibi/10709.html.
139. http://www.sino-manager.com/106681.html.
140. http://finance.sina.com.cn/stock/zldx/2018-09-20/doc-ifxeuwwr6290990.shtml.
141. http://finance.sina.com.cn/leadership/mroll/20110510/16159819286.shtml.
142. https://tech.sina.com.cn/i/2011-04-26/14325451916.shtml.
143. http://www.sino-manager.com/106681.html.
144. https://36kr.com/p/5298517.
145. https://tech.sina.com.cn/i/2014-10-24/10029730026.shtml.
146. http://www.sino-manager.com/106681.html.

147. http://www.100ec.cn/home/detail--6221916.html.
148. https://tech.qq.com/a/20150403/030725.htm.
149. https://finance.sina.com.cn/chanjing/gsnews/20151014/074223468835.shtml.
150. http://finance.ifeng.com/a/20151103/14053637_0.shtml.
151. https://www.sohu.com/a/218528576_664480.
152. http://dy.163.com/v2/article/detail/E326G2RL0519H58O.html.
153. http://dy.163.com/v2/article/detail/E326G2RL0519H58O.html.
154. https://finance.qq.com/a/20180402/014932.htm.
155. https://www.sohu.com/a/244400394_403354.
156. https://www.sohu.com/a/225237774_350699.
157. https://finance.qq.com/a/20180402/014932.htm.
158. https://baike.baidu.com/item/口碑网/2753722?fr=aladdin.
159. https://www.sohu.com/a/238430136_100109332.
160. https://www.sohu.com/a/288517597_173488.
161. https://tech.sina.com.cn/zl/post/detail/i/2016-11-01/pid_8508859.htm.
162. https://tech.sina.com.cn/zl/post/detail/i/2016-11-01/pid_8508859.htm.
163. https://tech.sina.com.cn/zl/post/detail/i/2016-11-01/pid_8508859.htm.
164. 美团招股说明书。
165. http://www.199it.com/archives/761254.html.
166. 美团招股说明书。
167. https://www.huxiu.com/article/240057.html.
168. MeiTuan 2019 Annual Report.
169. http://www.ironge.com.cn/cj/72539.html.
170. https://about.meituan.com/en/detail/92.
171. https://about.meituan.com/en/detail/92.
172. https://about.meituan.com/en/detail/92.
173. https://www.huxiu.com/article/356594.html.
174. https://www.huxiu.com/article/342016.html.
175. https://i.meituan.com/awp/hfe/block/272d02889936ff2b9f5b/94001/index.html?dd_func_wk=true&ehwebview=1.
176. 美团 2019 年年报。
177. 美团 2019 年年报。
178. 美团 2019 年年报。
179. https://gu.qq.com/resources/shy/news/detail-v2/index.html#/index?id=SN2020052522111179dee780&s=b&wxurl=qqstock%3A%2F%2FnewsV2%2F13%2F%2FSN2020052522111179dee780%2F%2F%2F&pagetype=share.
180. 美团 2019 年年报。
181. https://gu.qq.com/resources/shy/news/detail-v2/index.html#/index?id=SN2020052522111179dee780&s=b&wxurl=qqstock%3A%2F%2FnewsV2%2F13%2F%2FSN2020052522111179dee780%2F%2F%2F&pagetype=share.
182. 美团 2019 年年报。
183. https://www.thoughtco.com/biggest-u-s-cities-4158615.

注　释

184. 2019 Meituan Riders Poverty Alleviation report.
185. 美团 2019 年年报。
186. 美团 2019 年年报。
187. 美团 2019 年年报。
188. https://mp.weixin.qq.com/s/3czQCMlepHCLVgqNkhueAw.
189. https://www.retailnews.asia/hema-fresh-eyes-2000-stores-by-2022/.
190. 盒马 App 和京东商城价格，2020 年 6 月 4 日。
191. http://www.ebrun.com/20200525/386993.shtml.
192. http://www.ebrun.com/20200525/386993.shtml.
193. http://news.winshang.com/html/067/6744.html.
194. http://finance.eastmoney.com/a/202006171524962330.html.
195. https://finance.sina.com.cn/stock/usstock/c/2018-09-17/doc-ifxeuwwr5264124.shtml.
196. https://baijiahao.baidu.com/s?id=1640536811507012613&wfr=spider&for=pc.
197. https://wenku.baidu.com/view/44022a44571252d380eb6294dd88d0d232d43c4b.html.
198. https://www.askci.com/news/chanye/20190119/1804431140552.shtml.
199. http://report.iresearch.cn/report_pdf.aspx?id=3123.
200. http://www.360doc.com/content/18/0312/20/52195059_736452437.shtml.
201. http://finance.sina.com.cn/stock/relnews/us/2019-12-24/doc-iihnzhfz8079253.shtml.
202. https://www.huxiu.com/article/328165.html.
203. https://www.huxiu.com/article/328165.html.
204. https://tech.sina.com.cn/roll/2020-07-27/doc-iivhvpwx7676551.shtml.
205. https://tech.sina.com.cn/roll/2020-07-27/doc-iivhvpwx7676551.shtml.
206. https://www.sohu.com/a/253147571_343156.
207. https://tech.qq.com/a/20150807/055302.htm.
208. https://www.huxiu.com/article/200260.html.
209. https://www.sohu.com/a/116110863_468951.
210. http://www.linkshop.com.cn/web/archives/2018/403267.shtml?sf=wd_search.
211. 虎嗅精选，5 大案例搞懂新零售。
212. http://report.iresearch.cn/report_pdf.aspx?id=3123.
213. http://report.iresearch.cn/report_pdf.aspx?id=3123.
214. http://finance.sina.com.cn/zt_d/snygsgjlf/.
215. Interview with Erik Fyrwald, CEO Syngenta Group on March 8, 2021.
216. http://www.chinanews.com/cj/2020/05-29/9198245.shtml.
217. http://www.forbeschina.com/business/49295.
218. https://mp.weixin.qq.com/s/4nA7RYU7YHq19cYxYZ8bug.
219. https://baijiahao.baidu.com/s?id=1669204608834318338&wfr=spider&for=pc.
220. https://www.sohu.com/a/329498620_126540.
221. http://finance.sina.com.cn/chanjing/gsnews/2018-10-25/doc-ihmxrkzw3550516.shtml.
222. https://tech.qq.com/a/20190605/001019.htm.
223. https://www.sohu.com/a/257712592_618348.
224. 黄峥微信公众号"为什么要再次创业"。
225. 黄峥微信公众号文章"为什么要再次创业"。

226. https://www.pinduoduo.com/home/about/.
227. https://tech.sina.cn/i/gn/2020-02-13/detail-iimxxstf1186815.d.html.
228. 京东 2019 年年报。
229. 拼多多 2019 年年报。
230. 阿里巴巴年报。
231. 京东 2019 年年报。
232. http://finance.sina.com.cn/stock/s/2018-07-26/doc-ihfvkitx3344110.shtml.
233. http://finance.sina.com.cn/stock/usstock/c/2018-07-27/doc-ihfvkitx4267904.shtml.
234. https://baijiahao.baidu.com/s?id=1670176175216603042&wfr=spider&for=pc.
235. http://www.chyxx.com/industry/201805/645403.html.
236. 拼多多 2019 年年报。
237. http://finance.sina.com.cn/chanjing/gsnews/2018-07-31/doc-ihhacrcc9002088.shtml.
238. http://tech.chinadaily.com.cn/a/201804/13/WS5b88e27ca310030f813e7493.html.
239. https://www.huxiu.com/article/272900.html.
240. http://www.stats.gov.cn/tjsj/zxfb/202002/t20200228_1728913.html.
241. https://baijiahao.baidu.com/s?id=1649514985942945700&wfr=spider&for=pc.
242. https://baijiahao.baidu.com/s?id=1619652550412323977&wfr=spider&for=pc.
243. https://finance.sina.com.cn/stock/relnews/us/2020-10-17/doc-iiznctkc6107685.shtml.
244. https://pinduoduo.gcs-web.com/static-files/afa5ca3e-247c-44a9-b05d-8e9e191f3119.
245. https://new.qq.com/omn/20201115/20201115A0AAHV00.html.
246. http://report.iresearch.cn/report_pdf.aspx?id=3402.
247. https://mp.weixin.qq.com/s/GTV9Owz0KjvWjgGwRACbhA.
248. http://finance.sina.com.cn/stock/relnews/us/2020-02-22/doc-iimxyqvz5051822.shtml.
249. http://finance.sina.com.cn/stock/relnews/us/2020-02-22/doc-iimxyqvz5051822.shtml.
250. https://k.sina.com.cn/article_1652484947_627eeb530200121jn.html?subch=onews.
251. https://baijiahao.baidu.com/s?id=1621172647339605726&wfr=spider&for=pc.
252. Zeng Ming, Intelligence Business.
253. https://baijiahao.baidu.com/s?id=1649189979274197844&wfr=spider&for=pc.
254. https://xw.qq.com/cmsid/20200417A0JKL000.
255. https://xw.qq.com/partner/gdtadf/20200327A06XKS/20200327A06XKS00?ADTAG=gdtadf&pgv_ref=gdtadf.
256. https://t.cj.sina.com.cn/articles/view/2023016805/7894c96505500nalv?from=tech.
257. 格力 2019 年年报。
258. https://www.thepaper.cn/newsDetail_forward_7787468.
259. https://www.sohu.com/a/399308024_120576742.
260. https://mp.weixin.qq.com/s/842c1Le73p0wvqPIv2O1Rw.
261. https://baijiahao.baidu.com/s?id=1662889577041163658&wfr=spider&for=pc.
262. https://www.sohu.com/a/365436522_114941.
263. https://www.sohu.com/a/334079098_115423.
264. https://mp.weixin.qq.com/s/kUgIGl1-13SW1UHXBmlKzA.
265. https://mp.weixin.qq.com/s/kUgIGl1-13SW1UHXBmlKzA.
266. http://column.iresearch.cn/b/202006/890561.shtml.

注　释

267. https://www.businessoffashion.com/community/people/tao-liang.
268. https://www.ft.com/content/dfa1c90e-f82f-11e6-bd4e-68d53499ed71.
269. https://baijiahao.baidu.com/s?id=1659681518538452047&wfr=spider&for=pc.
270. https://new.qq.com/omn/20200316/20200316A0HOT500.html.
271. http://k.sina.com.cn/article_2072969551_7b8f014f00100o29m.html.
272. https://www.thepaper.cn/newsDetail_forward_9956631.
273. https://baijiahao.baidu.com/s?id=1683123305982411111&wfr=spider&for=pc.
274. https://view.inews.qq.com/a/20200514A0S6D500?tbkt=I&openid=o04IBAM_zryqtMfudBN6X0y J8E2U&uid=&refer=wx_hot .
275. http://stock.10jqka.com.cn/hks/20210208/c626904259.shtml.
276. https://www.csdn.net/article/a/2018-04-04/15944820.
277. http://column.iresearch.cn/b/202006/891611.shtml.
278. https://baijiahao.baidu.com/s?id=1683155606428132960&wfr=spider&for=pc.
279. https://finance.sina.com.cn/stock/relnews/hk/2020-03-26/doc-iimxxsth1943581.shtml.
280. https://mp.weixin.qq.com/s/842c1Le73p0wvqPIv2O1Rw.
281. https://36kr.com/p/708721070938120.
282. 根据新的定义，北京、上海、广州和深圳是超级一线城市，杭州、成都等是一线城市，而大多数省会城市是二线城市。
283. https://www.sohu.com/a/365924119_100252997.
284. https://mp.weixin.qq.com/s/Aub2az2uieVhcxl5XA92-g.
285. http://finance.ifeng.com/c/7vdT0QzS0kT.
286. http://www.xker.com/a/32435.html.
287. https://www.douban.com/note/767055845/.
288. http://finance.sina.com.cn/stock/relnews/us/2019-03-26/doc-ihtxyzsm0581068.shtml.
289. http://news.iresearch.cn/yx/2020/04/321159.shtml.
290. http://www.woshipm.com/it/3648731.html.
291. 天猫商城实时数据。
292. https://new.qq.com/rain/a/20200525A0O9Z700.
293. 截至 2020 年 6 月。
294. https://www.sohu.com/a/363607796_120142809.
295. 2020 年 6 月淘宝实时数据。
296. 2020 年 6 月淘宝实时数据。
297. https://xueqiu.com/3780544971/137603751.
298. http://www.cnr.cn/rdzx/cxxhl/zxxx/20200605/t20200605_525118027.shtml.
299. http://www.nbd.com.cn/articles/2020-01-18/1401421.html.
300. 2020 年 9 月微博实时数据。
301. https://mp.weixin.qq.com/s/bQ0ikNYDwR8tvgtiwWIPpg.
302. https://mp.weixin.qq.com/s/bQ0ikNYDwR8tvgtiwWIPpg .
303. https://a.sendbp.com/redui/article/198432/23ee42c55620.
304. 2020 年 9 月微博，Bilibili 实时数据。
305. https://weibo.com/p/231347437192723286926263/wenda_home?sudaref=www.baidu.com&display=0&retcode=6102#_loginLayer_1593523473910.

306. https://baijiahao.baidu.com/s?id=1665730051889191418&wfr=spider&for=pc.
307. https://www.onbuy.com/gb/blog/the-highest-earning-robot-influencers-on-instagram~ a243/.
308. https://www.onbuy.com/gb/blog/the-highest-earning-robot-influencers-on-instagram~ a243/.
309. https://baijiahao.baidu.com/s?id=1599780213086051084&wfr=spider&for=pc.
310. https://zhidao.baidu.com/question/1381684017287669380.html.
311. https://baijiahao.baidu.com/s?id=1620346459153081360&wfr=spider&for=pc.
312. https://new.qq.com/omn/20200708/20200708A0QR1I00.html.
313. http://finance.eastmoney.com/a/202006161523836628.html.
314. https://www.scmp.com/magazines/style/news-trends/article/3074253/who-millionaire-li-jiaqi-chinas-lipstick-king-who.
315. Mark J. Greeven,Wei Wei, Business Ecosystems in China, 2017.
316. http://quote.eastmoney.com/us/BABA.html?from=BaiduAladdin 20200816.
317. https://www.sohu.com/a/116110863_468951.
318. 腾讯 2019 年年报。
319. https://www.laohu8.com/stock/00700?f=baidu&utm_source=baidu&utm_medium=aladingpc 2020 0819.
320. http://www.chinadaily.com.cn/interface/zaker/1142841/2017-03-24/cd_28668367.html.
321. 美团 2019 年年报。
322. 拼多多 2019 年年报。
323. https://m.chinaz.com/2020/0708/1155307.shtml.
324. https://zhuanlan.zhihu.com/p/77228887.
325. https://xw.qq.com/cmsid/20200320A0FFUR00.
326. https://www.laohu8.com/stock/BIDU?f=baidu&utm_source=baidu&utm_medium=aladingpc.
327. https://mp.weixin.qq.com/s/IwlUKw76Xg3CN17v7cv-cg.
328. https://mp.weixin.qq.com/s/IwlUKw76Xg3CN17v7cv-cg.
329. http://money.163.com/20/0109/11/F2ER8TOV00259DLP.html.
330. 2020 年 7 月 21 日。
331. 2021 年 1 月。
332. http://www.360doc.com/content/19/0714/09/55092353_848589102.shtml.
333. http://finance.ifeng.com/c/7ubV7a0plYj.
334. http://www.chinairn.com/hyzx/20190713/100414260.shtml.
335. https://zhuanlan.zhihu.com/p/150490724?from_voters_page=true.
336. https://www.sohu.com/a/297678193_260616.
337. https://www.sohu.com/a/297678193_260616.
338. https://baijiahao.baidu.com/s?id=1683119309670836897&wfr=spider&for=pc.
339. https://dy.163.com/article/FR8LTN5J0518L346.html.
340. https://dy.163.com/article/FRA8FME205373KVM.html.
341. https://dy.163.com/article/FR8LTN5J0518L346.html.
342. https://dy.163.com/article/FR8LTN5J0518L346.html.

华章经管的LOGO,诞生于1998年。寓意一本打开的书,一扇开启的门。采用蓝色调,寓意通向知识的海洋。白色的镂空部分,远远望去,是一个阿拉伯数字1,配以渐变的横条,是希望读者沿着知识的阶梯,永攀高峰。

华章书院是华章公司旗下的读书会品牌,依托华章公司强大的作译者平台以及会员平台,每年都会举办10~15期读书会。读书会阅读的图书,主要集中在商业领域,比如:经济、管理、财务、金融、投资、营销等方向。同时邀请来自国内外商业领域的顶尖人物做客华章书院,如:约瑟夫·斯蒂格利茨、菲利普·科特勒、艾·里斯、杰克·特劳特、吉姆·罗杰斯、柳传志、陈春花、张瑞敏等等。

关注华章经管独家合作微信平台"管理的常识"、"经济的常识"可获得免费参与华章书院活动的资格。

让知识触手可及,让工作与学习更高效

用经济解释我们的生活

2021年最新版
"日本经营之圣"稻盛和夫经营学系列
马云、张瑞敏、孙正义、俞敏洪、陈春花、杨国安 联袂推荐

序号	书号	书名	作者
1	9787111635574	干法	【日】稻盛和夫
2	9787111590095	干法（口袋版）	【日】稻盛和夫
3	9787111599531	干法（图解版）	【日】稻盛和夫
4	9787111498247	干法（精装）	【日】稻盛和夫
5	9787111470250	领导者的资质	【日】稻盛和夫
6	9787111634386	领导者的资质（口袋版）	【日】稻盛和夫
7	9787111502197	阿米巴经营（实战篇）	【日】森田直行
8	9787111489146	调动员工积极性的七个关键	【日】稻盛和夫
9	9787111546382	敬天爱人：从零开始的挑战	【日】稻盛和夫
10	9787111542964	匠人匠心：愚直的坚持	【日】稻盛和夫 山中伸弥
11	9787111572121	稻盛和夫谈经营：创造高收益与商业拓展	【日】稻盛和夫
12	9787111572138	稻盛和夫谈经营：人才培养与企业传承	【日】稻盛和夫
13	9787111590934	稻盛和夫经营学	【日】稻盛和夫
14	9787111631576	稻盛和夫经营学（口袋版）	【日】稻盛和夫
15	9787111596363	稻盛和夫哲学精要	【日】稻盛和夫
16	9787111593034	稻盛哲学为什么激励人：擅用脑科学，带出好团队	【日】岩崎一郎
17	9787111510215	拯救人类的哲学	【日】稻盛和夫 梅原猛
18	9787111642619	六项精进实践	【日】村田忠嗣
19	9787111616856	经营十二条实践	【日】村田忠嗣
20	9787111679622	会计七原则实践	【日】村田忠嗣
21	9787111666547	信任员工：用爱经营，构筑信赖的伙伴关系	【日】宫田博文
22	9787111639992	与万物共生：低碳社会的发展观	【日】稻盛和夫
23	9787111660767	与自然和谐：低碳社会的环境观	【日】稻盛和夫